TANIA ZAGURY

Filhos Adultos Mimados, Pais Negligenciados

EFEITOS COLATERAIS DA EDUCAÇÃO SEM LIMITES

1ª edição

EDITORA RECORD
RIO DE JANEIRO • SÃO PAULO
2015

CIP-BRASIL. CATALOGAÇÃO NA FONTE
SINDICATO NACIONAL DOS EDITORES DE LIVROS, RJ

Z23f Zagury, Tania, 1949
   Filhos adultos mimados, pais negligenciados: efeitos colaterais da educação sem limites / Tania Zagury. – 1ª ed. – Rio de Janeiro: Record, 2015.
   il.

   ISBN 978-85-01-10308-6

   1. Responsabilidade dos pais. 2. Pais e filhos. 3. Educação de crianças Participação dos pais. I. Título.

15-19288
CDD: 649.1
CDU: 649.1

Texto revisado segundo o novo Acordo Ortográfico da Língua Portuguesa.

Copyright © Tania Zagury, 2015

Todos os direitos reservados. Proibida a reprodução, armazenamento ou transmissão de partes deste livro através de quaisquer meios, sem prévia autorização por escrito.

Direitos exclusivos desta edição reservados pela
EDITORA RECORD LTDA.
Rua Argentina, 171 – 20921-380 – Rio de Janeiro, RJ – Tel.: 2585-2000.

Impresso no Brasil

ISBN 978-85-01-10308-6

Seja um leitor preferencial Record.
Cadastre-se e receba informações sobre nossos lançamentos e nossas promoções.

EDITORA AFILIADA

Atendimento direto ao leitor:
mdireto@record.com.br ou (21) 2585-2002.

Aos pais
que, de tanto amor pelos filhos,
ficam cegos de paixão.

Agradecimentos

Aos pais de filhos adultos que, com total desprendimento, aceitaram o meu convite e abriram seus corações, esquecendo autocensura, receio de críticas e o natural medo de se expor, colaborando de forma apaixonada e verdadeira para o sucesso deste trabalho. Sinto não poder agradecer nominalmente a cada um, devido ao sigilo do método, mas vocês, colaboradores insubstituíveis, sabem a quem estou me dirigindo – e o quanto lhes custou.

Ao meu companheiro de sonhos e projetos, Leão Zagury – sem o qual, vida, sonhos e projetos não fariam qualquer sentido –, pela paciência de ler, opinar, reler, discutir e rediscutir todas as etapas da obra.

Ao meu querido filho Renato, por estar sempre pronto a me emprestar seus ouvidos, seu ombro e sua criatividade, pela capacidade de amar – e por ser a cópia revivida do pai.

Sumário

Prefácio	11
Introdução	13
Capítulo 1 Faz silêncio na casa de seus pais	19
Capítulo 2 Comecemos do início...	47
Capítulo 3 A revolução dos *Baby Boomers*	59
Capítulo 4 E viva a liberdade!	73
Capítulo 5 As mudanças	83
Capítulo 6 Consequências das premissas	87
1. Vou estar sempre ao seu lado, meu filho!	87
2. Autoridade e hierarquia, para quê?	147
3. Faça o que for melhor para você, querido!	156
4. Autoestima baixa: Deus livre nossos filhos disso!	188
5. Prova não "prova" nada; até gênios tiravam notas baixas!	226
6. Diferenças individuais têm que ser consideradas	242
7. Desorganização = alma de artista?	253
Capítulo 7 Como ficamos?	261
Anexos	
Anexo 1 Método utilizado na pesquisa	273
Anexo 2 Roteiro dos depoimentos	278
Anexo 3 Dados que podem interessar	280

Prefácio

Caro leitor,

Este livro foi escrito para você, que está criando seus filhos neste momento — com muito carinho, orgulho e amor... Mas, por outro lado, com bastante insegurança e muito cansaço! É também para os pais que mudaram a forma de educar nos idos dos anos 1970, que lutaram para dar liberdade aos filhos, que agora são adultos.

É um estudo sobre a educação na família, cujos moldes permaneciam inalterados até que ocorreu a grande guinada iniciada pelos seus pais, e que tanto beneficiou a você, caro leitor! O objetivo foi comparar a forma de educar os filhos *dos seus pais e dos seus avós*, praticamente antagônicas, e o que isso vem significando para si próprios e para quem veio depois — você e seus filhos.

Como se sentem hoje os pais dos anos 1970, que respeitaram individualidade, sonhos e desejos dos filhos e que tanta liberdade lhes deu, embora não tivessem tido nada disso?

É meu desejo que esta análise contribua para que o processo de tomada de decisões na família seja feito com mais consciência e especialmente com conhecimento das possíveis consequências que as atitudes educativas trazem, quase sempre, para o futuro de seus filhos e para o seu também.

Em resumo, espero que a leitura o conduza a:

- Reavaliar sua relação com seus pais.
- Analisar a forma pela qual está educando seus filhos e a maneira pela qual foi educado.
- Descobrir como seus pais se sentem no relacionamento com você, seus netos, noras e genros.
- Por último, mas não menos importante, definir, conscientemente e com base no que leu, um modelo de educação para seus filhos que agregue o que de bom as formas de educar do passado possuíam, abandonando os aspectos que tenham se mostrado problemáticos.

Não é uma boa ideia?[1]

---

[1] Em todo o texto optei por usar "pai" para designar quem cria filhos (os protagonistas do processo de educação na família), sejam eles pais, mães, responsáveis, padrastos, madrastas — deixando de lado a questão de gênero. Todos foram genericamente nominados como *pai*.

Introdução

Família e amigos estavam reunidos para comemorar o aniversário da netinha única, uma menininha de 6 anos. Era domingo e eu uma das convidadas. A dona da casa estava feliz. Aos 78 anos, fizera um almoço para mais de vinte pessoas![2] A nora só precisara chegar fresquinha e arrumada com a filhinha e o marido. Tudo estava pronto. Colaboração da vovó, que, feliz, me segredara que, além do almoço, presenteara a netinha com um cheque de valor bem alto (dentro, evidentemente, da realidade de viúva idosa, vivendo da pensão e de uns poucos bens que o marido lhe deixara). Havia se esforçado para dar um belo presente. O filho, engenheiro, trabalhava numa multinacional, onde era muito bem remunerado, contou orgulhosa. Disse-me mais: que era moderna, apesar da idade, e por isso presenteara com o cheque. E concluiu:

> *"... porque, hoje, há sempre o risco de não acertar. Afinal, minha netinha tem tudo! Dei o cheque para não impor meu gosto (já foi reprovado muitas vezes antes...)"*
>
> (N.M., 78 anos, viúva, dois filhos casados, três netos.)

---

[2] Todos os depoimentos ou extratos de depoimentos enxertados no texto são verídicos, colhidos através de pesquisa qualitativa, empreendida para o presente estudo/livro. O método de trabalho, os dados e as demais explicações referentes à pesquisa encontram-se nos anexos, ao final do livro.

Completou com um lampejo triste no olhar, que tratou de camuflar rapidinho. Confidenciou que primava por cuidar da relação com a nora, e finalizou:

> *"quem tem só filhos homens precisa cuidar mais do que quem tem filhas"* — explicou, acrescentando que — *"graças a Deus e a esses cuidados, tenho ótima relação com minhas noras!"*

O que ela não soube foi que, a certa altura do almoço, a nora contou, a quem quis ouvir, que a sogra continuava *"comodista"* e *"pão-duro"* como sempre, e, sem cuidado algum, mostrou o cheque, aborrecida com o valor que considerava irrisório.

Perturbou-me testemunhar tamanha insensibilidade e grosseria... Acabara de receber atenção e delicadeza da sogra, um almoço, não tivera nenhum trabalho, só usufruíra da reunião, trouxera seus convidados para o encontro que a sogra preparara com visível esforço, devido à idade. Dera o melhor de si para neta, nora e filho. Fiquei chocada e triste com a dureza dos comentários (sem contar a falta de educação em comentar negativamente o valor financeiro de um presente). Foi chocante presenciar a falta de cerimônia e cuidado com que criticou abertamente e de forma impiedosa a quem se esforçara tanto para agradar.

Quando o silêncio desconfortável da situação tomou conta do ambiente, tentei argumentar de forma sutil para que repensasse: mostrei a intenção e o esforço; argumentei que ela não somente tinha dado o cheque (nada desprezível, por sinal), mas também tivera gastos com o almoço, fora o trabalho e a disposição, apesar da idade. Mas calei-me logo; não senti receptividade nem intenção de rever minimamente suas colocações. Ao contrário; ela ficou visivelmente contrariada comigo...

Foi esse fato e outros do gênero que me fizeram pensar em quantos talvez já tenham cometido injustiças desse tipo. Quantas dezenas de gestos, motivados por amor e carinho, podem ter sido percebidos e recebidos com descaso ou até desprezo por quem os recebe. E quantas rupturas, ressentimentos e sofrimentos podem ter começado assim?

Foi nesse momento que — já tendo publicado vários livros sobre a relação entre pais e filhos na infância e na adolescência, no Brasil e no mundo — percebi que seria natural completar o ciclo, analisando a relação entre pais e filhos na idade adulta. O momento da vida em que os pais já estão na terceira idade, ou chegando lá, e pensam receber retorno ou suporte, especialmente afetivo, dos filhos adultos.

O aumento da expectativa de vida possibilitou a convivência de gerações adultas de várias faixas etárias por bem mais tempo do que há poucas décadas. Parte dos filhos adultos mora sozinha ou constituiu família. Muitos são independentes financeiramente; outros, mesmo vivendo em suas próprias casas, podem em alguns casos ainda depender financeiramente dos pais. Há os que se tornaram tão independentes que raramente visitam os pais, só em ocasiões formais ou a convite...

Ah, ia esquecendo: há também os que fazem contato quando precisam de alguma coisa ou têm algo bem específico e pontual a tratar... É uma forma de relação que só se revela concretamente quando os filhos saem de casa. Veja esse depoimento:

> *"... jamais poderia supor que qualquer um dos meus filhos, algum dia, não atenderia de propósito a meus telefonemas. Até porque só telefono para saber da saúde deles, ou para dar alguma notícia do interesse deles — até hoje tive a felicidade de não precisar pedir nada para mim, sabe, trabalho, sou independente, nunca ligo para falar que passei mal ou coisas desse tipo... No início eles atendiam, mas, era porque não sabiam quem estava ligando, mas, depois que surgiram esses identificadores de chamada, canso de ligar, ligar e ligar e sempre cai na caixa postal. Tenho que dar dois ou três telefonemas até conseguir falar com eles — são três, sabe? — todos se acham muito ocupados, como se eu não fosse... Um dia pedi a uma amiga que me emprestasse o celular, daí liguei para cada um — são dois homens e uma moça — e... todos atenderam na hora! Tenho quase certeza de que atenderam porque não conheciam o número do telefone dela... Acabei entendendo que eles olha-*

vam no identificador e, quando viam que era eu, não atendiam! Quase morri nesse dia... Na verdade, acho que morri um pouco... Fiquei vários dias deprimida, sem coragem de ligar. Mas tive que superar, porque se passaram semanas e nenhum me telefonou. Eles nem perceberam que eu não tinha ligado, compreende? Então decidi telefonar quando tivesse vontade, senão acho que falaria com eles uma vez por mês — e olhe lá! — se eu esperasse um contato espontâneo..."

(A.T., 63 anos, separada, médica, três filhos adultos.)

Que tipo de relação se estabeleceu entre os papais *Boomers* e seus filhos, que agora estão na idade adulta, após as mudanças empreendidas?

É o que espero que você encontre ao longo da leitura.

Capítulo 1
Faz silêncio na casa de seus pais

(e assim será também na sua, dentro de duas ou três décadas. Leia com atenção. Hoje são eles que estão passando por isso — daqui a pouco será você)

E de repente os filhos se foram e a casa de seus pais ficou vazia.

Quem sabe quantas vezes eles sonharam com esse momento... Depois de tantos anos de trabalheira, teriam, afinal, tempo para tudo o que não tiveram mais desde a chegada dos filhos (você e seus irmãos). Não, esses pensamentos nada têm a ver com falta de amor, nem de zelo por vocês. Mas, sem dúvida, foram muitos anos de dedicação, trabalho, preocupação. De doação, enfim.

E esse dia chegou, mas junto vieram as dúvidas. Que surgiram logo que se deram conta de que seus filhos, todos eles, agora estão fora de casa. Casados ou não, não importa. Cada um já tem seu cantinho, e nesse momento estão a sós em casa de novo, como no início de tudo.

Se é que ainda estão juntos nesses tempos de relações líquidas, como Zygmunt Bauman[3] nominou tão bem. Quer dizer, se é que tiveram a sorte de se entenderem bem e a vida permitiu que estivessem juntos ainda depois de tantos anos.

Não foi fácil, recordam; foram muitas e muitas batalhas ganhas — e outras tantas perdidas. Levou o quê? Uns trinta anos ou algo em torno disso.

Sua mãe cansou de brigar com seu pai, anos a fio, tentando dividir um pouquinho mais equitativamente as tarefas com crianças, casa e trabalho; seu pai cansou de se perguntar em que momento sua mulherzinha doce e tão querida desapareceu entre fraldas, choros, dúvidas, noites maldormidas, culpas, doenças, alegrias, tristezas, formaturas, namoros, novos medos, novas dúvidas... e se transformou na criatura cansada tão diferente da que conheceu e amou. Ambos cansados, aliás. Ambos preocupados. Eternamente preocupados. Mal terminava uma infecção, vinha o tombo, a fratura, uma febre e depois... os pesadelos! Deus do céu, que fase essa dos pesadelos! Demais da conta... Parece que nunca mais dormirão uma noite sem idas e vindas ao quarto dos filhos — ou sem que o filho venha toda noite, a noite toda, ao quarto dos pais exaustos de noites e noites maldormidas...

---

[3] BAUMAN, Z. *Amor líquido: sobre a fragilidade dos laços humanos*. Rio de Janeiro: Jorge Zahar Ed., 2004.

É. De fato é incrivelmente bom olhar e vê-los agora assim crescidos, independentes: adultos cuidando de suas vidas. Parece que ontem ainda eram tão pequenos...

E, no entanto, lá se foram trinta, trinta e cinco anos... Quarenta em alguns casos! Uma vida inteira. De qualquer forma, lembrando agora, eles se dão conta de que era tanta coisa a fazer sempre, uma após outra, sem nunca parar, nem dava para respirar! Com babá ou sem babá, com creche, escola, avós ajudando... Não importa! Trabalho ininterrupto de doação. E desejo de compensar ausências o tempo todo!

> *Parece estranho a você que me lê agora? Ou terrivelmente familiar? Continue lendo, querido, você verá que o que sente hoje, em relação aos seus próprios filhos, foi exatamente o que, sem tirar nem pôr, seus pais sentiram anos atrás. Com a diferença de que, em quase todos os casos, eles tinham menos mordomias e confortos do que você tem e desfruta hoje, porque já começou sua vida de adulto quase no nível em que eles terminaram a deles. E por quê? Porque providenciaram e "forraram" você com tudo o que puderam: financiando seus estudos até que você concluísse mestrado, doutorado ou o que mais tenha querido estudar; ajudando nos aluguéis ou pagando as contas; dando carro de presente aos 18 anos, eles que só tiveram o primeiro, se tiveram, lá pelos 40, quando finalmente puderam comprar um com o dinheiro do próprio trabalho; aceitando que*

você morasse num verdadeiro hotel (ou motel?) cinco estrelas, com direito a casa, comida e roupa lavada, namoradas/os dormindo em casa na cama de casal que eles providenciaram e colocaram em seu quarto só para lhe agradar... etc. etc. etc. Coisas que seus pais jamais tiveram, eles quiseram dar a você...

E, agora, depois de tudo, parece que a batalha diária chegou ao fim... Foi uma verdadeira guerra! Sim, a sensação de quem cria filhos é mais ou menos essa: uma guerra! Na qual a gente se empenha de corpo e alma, mais alma do que corpo, porque filho a gente ama com paixão desvairada.

Seus pais deixaram um monte de coisas para depois, porque os filhos precisavam, e o dinheiro não dava para tudo, então optaram sempre pelo bem-estar dos pequenos (você, querido!). Viagens ficaram para depois ou não aconteceram. Roupa, passeios: tem tempo, pensavam eles. O que importava eram os filhos. *Poderemos fazer depois, quando crescerem*, pensavam. *Teremos tempo para namorar depois*, achavam eles.

Agora, você e seus irmãos cresceram, e seus pais sentiram que a missão estava cumprida no todo ou em parte.

Mas, diante do espelho, nesse momento da vida, seus pais percebem rugas, cabelos grisalhos, usam óculos, já não estão tão lindos, nem tão jovens, nem tão saudáveis, talvez. E o companheiro também. Que, às vezes, eles nem têm mais... Foi para outra dimensão. Ou foi embora com outra — ou com outro. Foi fazer outra coisa na vida. Não importa.

Seja como for, no ponto em que estão, seus pais sentem que ainda têm muito a desfrutar. Relaxar, dormir até tarde. Nossa! Isso é quase miragem após anos madrugando, seja pelos filhos, seja pelo trabalho. Talvez alguns desses papais, em final de missão, ainda não tenham se aposentado, mas muitos até já... Talvez tenham apenas diminuído a jornada de trabalho.

E aí surge tempo para pensar, para rever o que passou.

Tempo que você terá também daqui a alguns anos, embora agora lhe pareça que nunca chegará...

Os filhos saem de casa por motivos diversos. Porque se casaram, juntaram, foram trabalhar em outra cidade ou simplesmente porque decidiram ter seu próprio canto. Talvez alguns de vocês já estejam em cargos importantes. Ou não. Mas estão fazendo o que *vocês mesmos escolheram fazer*. E, tenho certeza, por isso mesmo devem estar fazendo um bom trabalho...

Aí sim, delícia das delícias, um pai sente que cumpriu seu papel. O que mais poderia querer e pedir da vida?

Afeto, talvez? Um pouquinho de reconhecimento, com certeza! Disso todos precisam. E, quem sabe, alguma atenção pessoal?

No entanto, surpreendentemente, a alegria de quem vive esse momento não é exatamente tão inebriante quanto esperava... Aliás, o que há é certa percepção de menos-valia. Uma interrogação permanente de *"o que faço de mim agora?"* — mesmo que se tenha ainda muito o que fazer.

Como um dos entrevistados afirmou: *"Vou fazer tudo que não pude fazer antes: teatro, curso de pintura... Sempre pensei ter talento para artes, mas tive que ganhar a vida, então acabei advogado."* Ou acabou médico, burocrata, professor, cabeleireiro, escultor ou pedreiro. Não importa. Seus pais seguiram o caminho e criaram uma família. Batalharam por trinta e tantos anos — que passaram como se tivessem sido capturados por um tornado! Até hoje.

Porque hoje — surpreendentemente — seus pais acordaram sem pressa e descansados. Sem horários, sem ter que obrigatoriamente levantar para servir café ou acordar alguém ou resolver alguma coisa *para* alguém. Agora seus pais podem olhar para si próprios novamente e decidir até *se querem levantar*. Ou dormir de novo. Ou ficar na cama lendo jornal até meio-dia. Ou ligar a tevê e ver todas as sessões da tarde que quiserem... Quanto não terão sonhado por esse momento?

No entanto, diferentemente do que imaginavam, o que sentem é desorientação. E não é a desorientação de quem tem filhos de 30 anos ou mais que, apesar da idade, ainda não se encontraram na vida; que nada produzem e continuam sob suas asas; que não trabalham e vivem às suas expensas. A esses eles não souberam se opor, e hoje seus rebentos, já meio velhuscos, não têm trabalho nem profissão. Vivem a adolescência eterna, dependendo de mesada e do trabalho dos pais, que agora são quase (quase?) velhos.

Não, não me refiro a esses pais, cujos filhos talvez jamais cheguem a se tornar adultos; para esses pais, o educar não finalizou nem finalizará jamais, porque haverá sempre que refazer a jornada. Não, não é para esse tipo de pais que escrevo.[4]

> *"Minha filha tem 38 anos; é inteligente, bonita, tem muito potencial... Mas não sei o que houve: não conseguiu se encontrar ainda. Vivo preocupada com ela. Tenho medo de morrer, sabe? Estamos com quase 70 anos! E ela continua sem saber o que quer da vida. O irmão já está na vida, batalhando, casado e com filhos, mas ela começa uma coisa, para; começa outra, para também... Já passou quatro anos na Suécia, juntou-se com um cara pela internet, acredita? Minha mulher e eu ficamos desesperados! E ela deixou a gente dizer alguma coisa? Nem pensar! Ele veio para cá uma vez, antes de irem morar juntos sei lá onde, e nós o conhecemos: uma pessoa muito calada, estranha; mas ela botou pé que ia com ele — e foi! Fazer o quê?*

---

[4] Para esses, escrevi *Encurtando a adolescência* — e ainda vale a leitura, quanto mais cedo melhor!

Torcer, não é? Depois se separaram; acho que ele não queria nada de sério, aí ela voltou para o Brasil. Primeiro tentou morar só, mas não deu certo, não ganha bem; daí voltou para nossa casa e tá aí. Bem, ela tem um pai que trabalha, então para que vai se cansar? Agora resolveu viajar pelo mundo: primeiro passou uns meses na Suíça, agora está na Dinamarca — eu acho. Mas não temos sossego, estamos esperando um telefonema ou um e-mail para saber onde ela está... E já tem uns cinco dias sem dar notícias, então a gente não consegue ter paz... Ela trabalha, mas às vezes, sabe? Dá aulas de português para estrangeiros, porque aprendeu línguas quando morou na Europa, mas nem sempre... Ganha um dinheirinho e daí sai pelo mundo! E ai da gente se falar alguma coisa... Apesar de toda formação que tentamos dar — a gente sempre acha que nossos filhos vão ser diferentes, não é mesmo? Mas hoje eu sei que eles vão ser do mesmo jeito que todos esses que, depois que crescem, nem se lembram de que têm pai e mãe..."

(M.A., 70 anos, casado, médico, dois filhos, dois netos.)

É para os que têm filhos adultos, quero dizer, produtivos e independentes, que escrevo.

Escrevo para você que é papai também, e tem a felicidade de ter seus pais ainda com você...

Escrevo para aqueles que se surpreendem numa casa novamente silenciosa — e arrumada! — num momento da vida até desejado, mas que, ao se concretizar, se revela estranho e desestabilizador. E deveria ser o momento da colheita, que o plantio foi finalizado há muito!

No entanto, as entrevistas que realizei comprovam esse sentimento de perplexidade:

> *"Difícil entender logo de início que não precisam mais de você. Claro que gostam de você, mas em poucos dias você descobre que seus filhos estão ocupadíssimos sempre e que desejam somente contatos rápidos quando tudo está bem... Só se tornam frequentes quando surge alguma necessidade, e aí aparecem para pedir ajuda..."*
>
> (S.B.N., 56 anos, comerciária, separada e casada em segundas núpcias, dois filhos adultos da primeira união, profissionalizados e casados, três netos.)

Os depoimentos mostram que esse momento novo precisa de outro olhar e entendimento. É necessário reaprender *tudo*:

> *"Difícil engolir que, seja qual for o tipo de relacionamento que você estabeleceu com os filhos por toda a infância e adolescência — quero dizer, se você foi um pai presente, cuidadoso, dedicado em tempo integral, que conversa e dialoga, ou se foi aquele que terceiriza tudo (deixa o filho com vó, com babá, ou com tablet e tevê) —, independentemente do tipo de pai que você foi,*

de um jeito ou de outro, agora são eles que decidem se querem conversar com você. E também, sem a menor cerimônia, quando é hora de parar... E a hora de parar pode ser meio minuto depois de a conversa ter se iniciado — basta que ele ache que 'não tá a fim'."

(S.T.A., 60 anos, aposentada, dois filhos casados.)

O momento em que os filhos se tornam independentes e que podem prescindir dos pais para viver é desejado e até esperado, porque é também a hora em que percebem os resultados da educação que deram.

Para muitos, esse momento é de grande impacto e estranhamento. Não são poucos os que se sentem *cortados* da vida dos filhos; o que é muito diferente da forma que agiram com seus próprios pais — apesar de toda a rigidez que vigorava na relação. Fossem o quanto fossem exigentes, e até tirânicos em muitos casos, os pais (seus avós) continuaram sendo respeitados e cuidados. Até reverenciados em alguns casos pelos filhos adultos (seus pais).

O que o meu estudo mostrou foi que boa parte dos que têm filhos adultos, na atualidade, se sente meio que *descartada* (a não ser quando os filhos precisam deles — quase a totalidade dos depoimentos convergiu nesse ponto — ou quando trabalham juntos, se o pai é dono de empresa ou tem um consultório e o filho segue a mesma carreira e decide trabalhar com o pai).

Se o único vínculo é apenas o afetivo, é frequente se sentirem apenas *tolerados* quando convivem, leia:

> "*Difícil é suportar e entender que os filhos adultos deem ouvidos ao que amigos e namoradas opinam sobre suas vidas e que aceitem tal participação como bem-vinda. E que não tenham tempo nem paciência com seus pais, muitas vezes nem mesmo para um telefonema.*"

(L.R., viúva, aposentada, dois filhos casados.)

> "*Difícil aceitar que as visitas se tornem mais e mais raras; que os telefonemas sejam sempre para tratar de algum assunto muito concreto — e tchau! Ou, então, nada de telefonema. Difícil compreender que, se quiser vê-los, você terá que visitá-los, mas sempre se lembrando de telefonar antes, porque senão corre o risco de estarem muito cansados e querendo dormir cedo e aí, mesmo que você já esteja lá, eles são capazes de dizer que querem dormir... É quase como se dissessem com todas as letras: não estou a fim de ver você hoje!*"

(S.B.N., secretária, um casal de filhos adultos casados.)

> "*Quando meu primeiro neto nasceu, minha filha me comunicou, com total simplicidade, as regrinhas que estabelecera para mim... Logo ela que, quando menina e na adolescência, jamais aceitou uma sequer sem muita briga... E comunicou sem pensar um minuto em como eu me sentiria! 'Só telefone para o meu celular; o fixo*

pode acordar o bebê, ou o meu marido, que chega hiper-cansado!' Tem outras: 'E só telefone até oito da noite, porque depois queremos dormir.' Assim mesmo! Nem em sonhos eu falaria assim com ela, mesmo quando dependia de mim e morava em minha casa. Ela faria um escândalo!"

(S.T., 53 anos, secretária, separada, dois filhos e dois netos.)

Sim, é difícil para qualquer pai aceitar que, para encontrar seus filhos adultos, tenha que "convidá-los" _formalmente_ para um jantar ou lanche em sua casa. Ou que fiquem semanas sem dar um telefonema. O mínimo que esperavam, os depoimentos mostram isso com clareza, é que sentissem *pelo menos um pouco de vontade* de estar com eles, porque foram pais que deixaram os filhos livres, apoiando suas escolhas. Acabaram com a hierarquia rígida das suas próprias infâncias, dando a seus filhos espaço e direitos antes jamais vivenciados por geração alguma. Tentaram ser os pais que gostariam de ter tido. Achavam que sua relação com os próprios filhos seria próxima e participativa, portanto. Mas pelo contrário:

"Meu filho se casou faz três anos. Enquanto não tinha filho, o que durou mais ou menos ano e meio, só veio me visitar _quatro_ vezes, e somente quando o convidei para jantar; chegava sempre com cara de exausto. Sem nem lembrar que eu mesma trabalhava o dia todo e, se o estava recebendo com comidinhas e carinhos, estava

tão ou mais cansada que ele... Mas qual! Jantávamos e, meia hora depois, quando eu finalmente pensava que poderia sentar para conversar um pouco, ele levantava e dizia 'temos que ir, tá tarde'. Depois que meu neto nasceu, comecei a ir à casa dele, uma vez por semana — sempre telefonando antes para saber se podia. Uma vez ele deitou e dormiu no sofá na minha cara! Em outra, ficou todo o tempo no telefone! E não foi visita comprida, não. Nem pense que ele estava sem dormir. Que nada! Ele e minha nora tiveram babá desde o primeiro dia que voltaram da maternidade... Quando saí, depois de ele estar dormindo uns dez minutos já, toquei de leve no braço dele e disse que ia embora. Pensa que se desculpou? Ao sair olhei o relógio: não fazia nem quarenta minutos desde que tocara a campainha na chegada! Senti-me péssima, arrasada!"

(T.S., casada, funcionária pública, 62 anos, dois filhos casados.)

Tá bem, tá bem! Você vai me dizer que *você* não faria isso nunca com seus pais! Mas, creia-me, se nem todos agem assim, boa parte *parece agir*. Afinal os depoimentos foram muito coerentes em suas semelhanças e dores... As entrevistas mostraram que, embora os *seus pais* (geração *Baby Boomers*) tenham lutado muito para tornar as relações mais verdadeiras, as coisas não caminharam do jeito que eles haviam sonhado <u>em termos de reciprocidade</u>... Os depoimentos (você poderá ler outros mais, adiante) tornaram claro que os papais *Boomers* realmente conseguiram o objetivo de dar aos filhos liberdade para lhes dizerem tudo o que sentem e pensam (ou quase tudo). No entanto, por seu turno, não conseguem nem dizer francamente aos filhos que ficaram sentidos com certas atitudes. Isso demonstra que não há, em muitos casos, um relacionamento de fato verdadeiro para ambos.

> *Se um dos lados pode dizer e fazer tudo da forma que deseja, o outro também deveria ter a mesma possibilidade, não?*

Por que será que essa meta — das relações íntegras e sem disfarces que seus pais queriam ter com você — ficou tão unilateral? Afinal, pelo que mostram os relatos, os filhos (quero dizer você, leitor, e seus amigos) sentem-se à vontade para se colocarem inteiramente na relação. Quando não querem ir a uma reunião de família, não hesitam em dizer isso claramente, mesmo que saibam que seu pai gostaria muito que fossem. Também não se sentem nem um pouco constrangidos em dizer que não gostaram da camisa que lhes trouxeram na última viagem... Tá bem, tá bem! Pode ser que não fosse *maneira* mesmo, mas quantos presentes seus pais receberam de você que podem não ter gostado, mas usam somente para lhe agradar? Tinha pensado nessa possibilidade?

Não, não estou propondo uma volta ao passado, nem que as relações sejam "falsas" (se é que isso pode ser chamado de falsidade!). Só estou tentando lhe apresentar fatos que o situem antes de começarmos de fato a estudar o que aconteceu.

Por que será que as relações ficaram assim?

Seus pais não podiam nem dizer a seus avós que não queriam comer _toda_ a comida que estava no prato, quanto mais ditar regras de conduta para eles, ao se tornarem adultos. Por essa e outras razões, deram a seus filhos liberdade excepcional. O que nunca tiveram, deram a vocês. Por amor.

> *Por que não recebem a retribuição mínima que esperavam?*

Não fique chateado comigo, por favor... Entenda que não estou lhe dizendo que você é horroroso, péssimo filho, nada disso. Sei que você não é, mas creio que é saudável saber como eles estão se sentindo depois de tudo.

Quero analisar, passo a passo, junto com você, *por que as coisas* caminharam dessa forma.

> *O que ocorreu que conduziu a que o projeto dos Boomers não alcançasse o alvo pretendido?*

É isso que vamos tentar responder.

Para começar, meu querido, reveja os encontros recentes que teve com seus pais, antes de achar que já tem a resposta.

É provável que agora você esteja aborrecido comigo, com raiva, e prestes a fechar o livro e jogá-lo longe. Mas não faça isso! Você já tem filhos, não? É o mais provável; afinal este é o tipo de livro que é lido por quem está educando ou tentando educar crianças... O que estamos conversando aqui, com certeza, vai lhe ser útil; então, não desista!

E pense nisso:

- Talvez seu pai não tenha coragem de lhe dizer o que o aborrece na relação dos dois — o que o magoa ou desagrada — porque sabe que seu filho é *poderoso*, e provavelmente se aborreceria.
- Talvez ele saiba que seu filho só ouve o que quer ouvir. Ou o que lhe agrada ouvir.
- E talvez também saiba, desconfie ou tenha medo de encarar o fato de que *você é capaz de romper relações*, com certa facilidade. Até com ele...

Caro leitor, quase com certeza, você é filho dos *Boomers*.

Não fique chateado ao ler esses parágrafos. E, se não se sentir identificado logo de início, dê-me um voto de confiança e continue lendo!

Logo você vai me compreender. Palavra!

Escrevi para que ambas as gerações, a sua e a de seus pais, se beneficiem dos depoimentos contundentes e verídicos que permeiam o livro. Para que a leitura lhe permita saber o que os seus pais gostariam de receber de você em termos afetivos.

Quem sabe tomar consciência das necessidades e sentimentos de quem lhe deu tanto não promova um encontro bom para todos?

> *Mas, principalmente, escrevi para você, que está criando seus próprios filhos neste exato momento — cheio de amor e com tudo de bom para dar —, esperando que a leitura propicie uma revisão tanto da relação que está implantando com seus filhos quanto da que tem com seus pais, visando, especialmente, a que você não tenha que sentir no futuro algumas das decepções que seus pais estão sentindo agora...*

Acredito que muita coisa positiva poderá resultar daí — tanto para você, quanto para quem lhe deu tanto, e que em muitos casos continua sendo peça fundamental para que você batalhe pela vida, com a segurança e a tranquilidade de saber que alguém na retaguarda zela pelos seus filhos.

Seu filho é, com certeza, encantador, doce, tudo de bom. O mais lindo, o mais fofo, o mais valente, o mais inteligente de todos! É assim que os vemos, todos nós, pais...

Seu pai também viu você dessa forma, décadas atrás.

Qualidades à parte, tente imaginar que seu filho já é adulto. O que pensa receber pelos cuidados, amor e atenção que lhe está dando hoje — e que ainda lhe dará por muitos e muitos anos? Sei; você vai dizer que não espera receber nada. Mas, acredite-me, isso é historinha, conto de fadas! Todos esperam retorno pelos seus melhores esforços. Sei que nesse momento você está fazendo exatamente isso pelo seu filho — dando o melhor de si... E sei que, ainda que você não tenha consciência disso, no futuro próximo vai querer receber amor, afeto e... Reconhecimento!

É isso exatamente o que está dando a seus pais? Visitas, telefonemas, um almoço com eles ou cineminha no final de semana? Não sempre: dois programinhas por mês juntos já seria ótimo! Telefonemas só para saber se está tudo bem com eles ou dizer "estou com saudades" três vezes por semana os deixariam no céu!

Você faz isso regularmente? Espontaneamente?

Seu ouvido está disponível realmente para eles, quando querem lhe contar algo?

Se o seu filho amado só lhe der exatamente o tratamento que você dá a seus pais hoje, você ficará plenamente satisfeito? Não responda. Apenas pense.

Quantas vezes visitou seu pai — sem convite — nos últimos seis meses, só para saber como ele está passando, como está vivendo?

Se, depois de pensar com muita calma, responder (para si próprio) que estará totalmente satisfeito se seu filho agir como você age com seus pais hoje — então ótimo! Apenas continue assim.

Se, no entanto, sendo muito, mas muito verdadeiro, você concluir que tem negligenciado a relação; que tem priorizado sempre outras coisas (incluindo, por exemplo, a musculação, a ida à praia, os barzinhos com amigos duas ou três vezes por semana, as idas ao shopping), achando que eles devem saber que "você é muito ocupado e não tem tempo", e que, nas raras ocasiões em que os encontra, você aproveita para botar em dia os e-mails e responder a todos os amigos nas redes sociais; que fica louco para ir embora mal chega à casa deles; que no fundo vive tentando se livrar desses "chatos". Então...

Terei que parabenizá-lo pela honestidade intelectual e afetiva. E convidá-lo a ler estas páginas até o final!

Os depoimentos colhidos parecem indicar que os papais *Boomers*, em vez do que pretendiam (tornar o mundo e a sociedade um lugar melhor para todos), contribuíram para que seus próprios filhos se tornassem adultos tão focados em si próprios que têm dificuldades para perceber, entender e captar sentimentos alheios, especialmente os de seus pais, porque se acostumaram a vê-los como *doadores em essência*, pessoas generosas, muito legais e com quem podem contar...

Só que esse foco no seu próprio "eu" tem impedido muitos filhos de perceberem que seus pais, os avós dos seus filhotes, têm agora necessidades afetivas também.

Habituados à superproteção que seus pais lhes deram, os filhos dos *Boomers* tendem a achar magicamente que "seus velhos" não precisam de nada...

Para os *Boomers*, porém — e seu pai está entre eles —, é muito difícil compreender que você não deseje trocar ideias com ele, que o criou dentro da perspectiva de compartilhamento e, ah, sim, de muito diálogo...

Tudo o que desejavam era um mundo melhor, relações verdadeiras e afetivamente intensas, mas, claro, especialmente com seus filhos!

Os *Boomers* esperavam compartilhar conquistas, pensamentos, sentimentos e temores com você; eles — que fizeram da liberdade bandeira, que quase não disseram "nãos" a seus filhos, que lhes deram todos os direitos (ao contrário do que tiveram eles próprios) — esperavam simplesmente conversar, dividir. Afinal, como adulto que você é, pensavam que reconheceria nele o pai que todo mundo gostaria de ter tido. Mas não: você — e provavelmente seus colegas de geração — simplesmente é muito mais crítico com eles do que os *Boomers* foram com seus próprios pais (seus avós, os *Veteranos*, superconservadores, cheios de regras e restrições). E, por estranho que possa parecer, os *Boomers* os reverenciam até hoje, mesmo não tendo recebido um décimo da liberdade, do apoio e da assistência que deram a vocês, seus filhos.

Não estou dizendo que você e seus companheiros de geração não são legais. Nada disso. Como em todas as gerações, há os que são trabalhadores, produtivos, educados e respeitadores. Após colher e analisar tantos depoimentos, sei que a tristeza dos papais *Boomers* se refere mais a questões de afeto, de atenção e de retribuição. Sentem falta do *real interesse* em ouvi-los e entender suas necessidades atuais. Era o que esperavam receber pelo tanto que a vocês dedicaram. Mas, ao contrário do que imaginavam, têm recebido ainda mais expectativas de ajuda, mais incumbências e solicitações. E, ao mesmo tempo, críticas e exigências...

> *"Eu realmente quis dar mais liberdade aos meus filhos — e dei. Quis que fossem mais livres, sem cobranças... Imaginando que eles ficariam muito grudados na gente, amigos, sabe como é? Mas não. Eles formam a família e acabou — pronto. A gente é meio que... Sei lá, a gente fica para trás, não digo esquecidos, mas em um plano muito, mas muito inferior, até em relação aos amigos... Muita coisa que eu gostaria de saber, de*

participar ou ao menos de ter notícia, eles não falam. Nem pensam em falar, <u>nem se lembram de contar</u>... A gente só sabe depois — e se perguntar! Tem vezes que só fico sabendo que meu filho viajou muito depois, ou quando ele já está de volta à cidade, por exemplo. Não se preocupam em avisar, em saber se você precisa de alguma coisa, já que vai ficar sozinha na cidade, ou que você pode se assustar, se preocupar caso telefone várias vezes e ninguém atenda..."

(S.B.N., 56 anos, comerciária, divorciada, dois filhos.)

É muito difícil para quem teve pais rígidos e autoritários, e mesmo assim relevou quase tudo e, na velhice, ainda cuidou deles, aceitar que não irá receber nem metade disso... Metade não, que já seria o paraíso; nem um décimo da atenção e carinho:

"Difícil acreditar que eles podem facilmente ficar sem falar com você, sem ver, sem ouvir sua voz, sem dar um telefonema, sem fazer uma visita — semanas e semanas a fio (às vezes, mandam um beijinho, se estiverem falando com o outro genitor ao telefone) e, quando ligam, em geral é porque precisam de alguma coisa de interesse imediato, tipo pedir para você emprestar dinheiro, pagar uma conta ou ficar com um neto porque a babá vai faltar. Tem dias em que eu telefono quatro, cinco vezes, deixo recado e mesmo assim eles não me retornam. Ah isso dói!"

(S.L., aposentada, 68 anos, dois filhos, dois netos.)

Será possível que tanta liberdade, desejos e vontades satisfeitos, tanta proteção e mordomia tenham tornado as gerações X e Y[5] incapazes de perceber o que os outros precisam, tornando-os capazes de ver apenas a si próprios, em suas necessidades, cansaços e desejos?

Será que seus pais precisavam ter traduzido em palavras com muita clareza, às gerações que se seguiram, que esperavam a seu turno, como é humano, receber o retorno afetivo de que tanto carecem hoje?

Mário Quintana, poeta gaúcho, disse certa vez: *"Quem não entende um olhar, não compreenderá mil palavras."* Lindo! Mas não me parece ser verdade... Algumas pessoas têm, sim, essa sensibilidade inata; mas não é o caso de toda gente, menos ainda dos jovens de hoje, *tanto em relação a seus pais, como a qualquer pessoa*. Acredito, pelos depoimentos colhidos, que os *Boomers* pensavam que, sendo liberais e generosos, automaticamente receberiam o mesmo dos filhos. Mas não foi isso que ocorreu em muitos casos. Claro que existe um percentual que cuida e protege os pais, não nego isso de forma alguma.

Ainda que não haja intenção de fazer sofrer, parece que muitos jovens de hoje não entenderam que os mais velhos têm, também, necessidades... Embora você tenha se acostumado a recorrer sempre a eles, desde menininho, agora eles estão mais frágeis, embora muitos ainda continuem

---

[5] Gerações que hoje estão com idades entre 25 e 45 anos, aproximadamente.

dando suporte aos filhos. Seus pais têm, sim, inesgotável potencial para dar, ajudar, tomar conta dos netos, cobrir dívidas e colaborar até em coisas totalmente desnecessárias como trocar de carro ou redecorar o apartamento... Muitos, com dor na coluna ou não, assumem criar os netos, nesse momento em que se tornou bem frequente rapazes, e mesmo moças, "esquecerem" ou decidirem *não* usar camisinha ou fazer uso de qualquer outro tipo de contraceptivo em nome do prazer de um momento... E aí quando chega o bebê...

Faz parte do perfil *"não quero, não faço — sou livre!"*

É, está cheio de avós criando netos — no Brasil e no mundo. E tem filho que já anda pensando que é *obrigação*!

Sim, os *Boomers* realizaram muita coisa! Boa parte ainda continua realizando — profissionalmente e em família —, mesmo com filhos que estão com 40 anos ou quase... E muitos desses filhos nem sequer se lembram de "olhar" nos olhos dos pais para saber o que os deixaria felizes!

> *Como entender um olhar, quem nem o olha? Como entender uma palavra, quando não se tem tempo (ou "saco"?) para ouvir? É o que eu perguntaria ao poeta gaúcho, se o pudesse encontrar...*

Dentro dessa mesma perspectiva, vale lembrar estudos recentes no Brasil e no mundo que apontam o aumento significativo de descasamentos e recasamentos... O que necessariamente significa que, na atualidade, muitos mais casais estão se separando bem cedo, ou seja, não se compreendem e pouco ou quase nada toleram uns dos outros, como mostram os dados colhidos pelo IBGE em seu estudo de 2007:[6]

"É crescente a proporção de casamentos de indivíduos divorciados com cônjuges solteiros. Os percentuais mais elevados são observados entre homens divorciados que casaram com mulheres solteiras, quando se compara com mulheres divorciadas que se uniram formalmente a homens solteiros. Esses percentuais passaram de 4,5% para 7,1%, no primeiro caso, e de 2,1% para 3,7%, no segundo, entre 1998 e 2007. Observou-se ainda o aumento de casamentos entre cônjuges divorciados, de 1,1%, em 1998, para 2,5%, em 2007. Em conjunto com o crescimento das taxas de nupcialidade observado para o país como um todo está a elevação dos recasamentos. Ressalte-se que os casamentos entre cônjuges solteiros permanecem como conjunto majoritário, porém com decréscimo proporcional constante, apesar de os totais absolutos terem apresentado crescimento, também. Os recasamentos representaram, em 2007, 16,1% do total das uniões formalizadas em cartório. Em 1998, os recasamentos totalizavam 10,1%."

Vocês tiveram tantos direitos, tanta proteção, mas não aprenderam a olhar os outros com a mesma profundidade e compaixão com que olham a si próprios. São compreensivos e piedosos (até demais!), quando se trata

---

[6] Fonte: IBGE, Diretoria de Pesquisas, Coordenação de População e Indicadores Sociais, Estatísticas do Registro Civil 2007.

de *avaliar suas próprias ações, atitudes, produção e formas de relacionamento*. Por outro lado, sabem ser duros, inflexíveis, e frequentemente apresentam dificuldade para rever suas atitudes.

É, querido, talvez vocês não sejam isso tudo que pensam ser...

Não, não se ofenda! Durante a leitura, você terá chance de compreender por que afirmo isso. E entenderá que *poderá vir a ser* ainda mais maravilhoso do que pensa ser hoje. Para tanto, porém, terá que suportar a sacudida que ajudará você a ver melhor o que se passa no seu entorno. E, para que isso possa acontecer, você precisa *querer e aceitar* essa revisão que estou fazendo aqui, como porta-voz dos pensamentos e sentimentos que seus pais aceitaram partilhar comigo em suas entrevistas.

Se aceitar o desafio, continuará a leitura. Se não aceitar, quero que saiba que foi um risco que aceitei correr. Mas foi um risco muito bem calculado.

Explico: Eu realmente creio na capacidade de o ser humano se reinventar. E creio também *no seu amor e no desejo de ser um pai muito, muito legal*. Por isso, sinto que não parará a leitura.

É nisso que aposto; e por esta razão não hesitei em escrever o que encontrei na pesquisa, mesmo ciente de que posso afugentar leitores. Aceitei correr o risco. Pelo futuro de vocês, de seus filhos e de seus pais, que se desnudaram sem medo nos depoimentos que colhi.

Os que fugirem, porém, estarão apenas confirmando o que digo e reafirmo há mais de vinte anos (desde o livro *Sem padecer no paraíso,* em 1991!): quem ouviu muito poucos "*nãos*" na infância tende a se tornar frágil e incapaz de suportar críticas, por mais bem fundamentadas que sejam, assim como de rever atitudes próprias.

Mas, em você, que mesmo abalado decidiu continuar a ler, em você eu acredito — e muito! Porque sei que, como pai que é agora, não apenas compreenderá o que proponho como tentará colocar em prática o que repensar, pois sente que o meu objetivo é o seu também, como de todo pai que ama e deseja o melhor para seus filhos.

Capítulo 2
Comecemos do início...

Você e seus colegas de geração nasceram e vivem numa sociedade que cultua a juventude como valor maior, o que acaba acarretando certo menosprezo, ainda que não intencional, pelo saber e pela experiência de quem já passou dos 50 anos (a busca da juventude eterna se origina em boa parte nesse desprezo pelo idoso que vigora na sociedade ocidental).

Daí que, bombardeados desde meninos pelas mensagens midiáticas, grande parte dos jovens de sua geração se tornou indiferente à cultura de reverenciar (no sentido de ouvir, valorizar e prezar opiniões, advertências, conselhos) os pais (vistos como sinônimo de idosos), como antes.

É por isso que seus pais sentem que não são valorizados, porque é frequente ouvirem dos filhos: *"o seu tempo já passou..."* Impiedosamente o dizem e repetem, basta que tenham opinião diversa em um papo. E, creia-me, nada mais ridículo! O tempo de alguém só acaba quando ele volta a ser pó.

Você só vai entender isso daqui a alguns anos. Porque o que se aprendeu fica para sempre — e ajuda muita gente. Mas só a quem quer *de fato* aprender. Quem *"se acha tudo de bom"* dificilmente revê posturas... Em que grupo você se encaixa?

A geração *Baby Boomers* não é de se aposentar cedo, de *pendurar as chuteiras*, não. É grande o número dos que aos 70 (e até mais!) continuam no batente ainda hoje, produzindo, ensinando nas universidades, pesquisando nos laboratórios ou chefiando equipes em grandes empresas. Têm o respeito de toda a comunidade, mas em sua família — e ainda que o tema seja relativo ao campo em que atuam —, em suas casas, muitos afirmaram nas entrevistas que *nem sequer conseguem se fazer ouvir!*

Por isso tudo, muitos são os que estão repensando o passado. Perplexos diante da forma pela qual evoluíram as relações com os filhos, imaginam como será o dia em que precisem realmente deles... Alguns começam a tomar providências para que isso nunca ocorra, diante do que percebem...

> *"Fui visitar uma amiga muito querida, recentemente operada. Estava em casa fazia só um dia; a cirurgia fora grande, no abdome. Quando cheguei, fui recebida pela filha, que me conduziu ao quarto. Entrei, conversei um pouquinho. Depois perguntei quem estava fazendo os curativos, se havia uma enfermeira ou outra pessoa. A cama era daquelas bem baixinhas. Para meu total*

horror, a filha disse: 'quer ver?' E, antes que eu pudesse responder (eu não queria), levantou — com a ponta do dedo do pé (ela estava descalça) — a camisola da mãe, para expor o local do corte. Quase gritei de susto! Minha amiga, nem abriu a boca, tamanho era o medo; só conseguiu arregalar dois olhos, cheios de mágoa e... Lágrimas!"

(A.L., 60 anos, casada, dois filhos.)

Receberam tantas atenções e benesses que, talvez por isso mesmo, acabaram se tornando frágeis e inseguros — quando se trata de suas próprias dores: estão sempre exaustos, mesmo tendo empregada, carro na garagem, babás, dinheiro para pagar creches de horário integral, viagem duas ou três vezes por ano etc. E têm esse alto nível de vida aos 35, 40 anos, quase sempre porque *seus pais* não apenas os incentivaram a estudar *sem trabalhar* até os 30 anos, como também proveram toda a infraestrutura, estendendo em muito os anos de dependência financeira. Para quê? Para que vocês pudessem começar profissionalmente já pleiteando melhores postos de trabalho e remuneração... Com isso, iniciaram com salários muito mais altos do que eles próprios; deram também apartamentos lindamente decorados, festas, viagens, carros etc. para que começassem suas vidas "independentes" de um patamar ao qual boa parte deles chegou somente ao final da vida. E muitos nunca chegaram!

No entanto, muitos filhos não lembram, não querem ou nem cogitam perguntar — ainda que seja por telefone — como está passando esse pai que lhe propiciou tanta mordomia, e que estava doente semana passada.

Sei que você não vai abandonar seus pais à própria sorte (alguns vão, sim!), caso eles precisem de assistência na velhice, mas não terá dúvidas, por exemplo, em colocá-los numa instituição ou casa de idosos para lá aparecer vez por outra para "dar uma olhada". E assim achar que *cumpriu sua obrigação*. Só que eles não querem apenas isso. Eles querem um pouquinho mais. Querem um pouco de atenção verdadeira, carinho e presença. Sem cobranças, mas querem — por isso esperam!

Sim, seus pais viram essa "obrigação filial" ser cumprida — de forma técnica — com amigos, vizinhos, irmãos e parentes da idade deles... Estão, portanto, perplexos, visualizando o seu próprio futuro provável. Estão frente a frente com a dificuldade de aceitar que seus filhos conseguem — e com toda tranquilidade — passar semanas ou até meses, depois que saíram de casa, sem sentir vontade de partilhar uma novidade (por exemplo, que vai estar ausente da cidade com filhos e nora/genro por uns dias!), de lhes contar *um tico* do que vivem... E sem querer tampouco saber o que acontece com eles, seus pais.

E pensar que, com tristeza, muitos contaram em seus depoimentos que nem ao menos conseguem ser ouvidos quando desejam falar com os filhos...

Pense: Se isso acontecer quando seu filho for adulto, como é que você vai se sentir?

Pense melhor: Ainda é possível providenciar para que isso não ocorra! Assim como é totalmente possível reverter esse sofrimento dos seus pais!

Seus pais não lhes deram apoio "técnico" ou legal apenas! Foram muito além. Conquistaram liberdade para repassar a vocês. Apoiaram-nos em todo período de sua longa formação, depois no início da sua carreira, e em todos os demais âmbitos e sentidos: financeiro, de informações, experiências, dicas etc.

Não, não é "cobrança". É medo, é constatação do inesperado. Os pais *Boomers* hoje começam a perceber que seus filhos adultos ainda os olham como provedores que sempre foram; como os *fortes* que nunca precisam de nada, como os que ajudam a resolver tudo e que nunca têm problemas — embora esperassem que, adultos agora, vocês já tivessem entendido que vovós não são tão fortes, nem tão capazes. E, assim como nada lhes cobraram, esperavam que não fosse preciso falar da situação atual — vocês os olhariam e... Entenderiam!

"Ajudei meu filho a trocar de carro há pouco tempo, faz uns meses só. Ele estava recém-casado, tínhamos gastado uma nota com a festa de casamento caríssima, não aceitaram menos do que 'sonhavam'! Estava, portanto, ainda meio duro. Preciso contar que o modelo do carro dele já era bem melhor e mais caro do que o meu. Ele ligou e, por telefone mesmo, me perguntou se eu topava pagar a diferença para fazer a troca. Falei que achava bom o que ele tinha, e ele então me disse que pretendia ter um filho aquele ano e, por isso, o carro tinha que ser mais novo. Foi assim que soube que talvez fosse ser avô! Minha nora ainda nem estava grávida; aliás, nem sabíamos quanto tempo levaria até o bebê nascer, pois era ainda projeto a ser implementado, mas ele transformou essa 'desnecessidade' numa necessidade essencial! E, já meio zangado perguntou nada delicadamente, de forma até rude, 'vai ajudar ou não? Se não vai, diz logo e ponto-final!' Fiquei pasmo... Era como se fosse uma obrigação incontestável minha! E ele já estava em condição de fazer isso com o seu próprio dinheiro, mas queria o meu! E eu já aposentado, ganhava menos e gastava um monte em remédios da 'melhor idade'... Ou ele nem se dava conta disso — ou não se importava... Também nunca mostrou o menor interesse em saber como estávamos vivendo depois que saiu da nossa casa. Sempre com pressa, sempre sem tempo, sempre cansado..."

(N.M., 64 anos, médico, separado, dois filhos adultos, três netos.)

Talvez, no final das contas, quem recebe tudo *de mão beijada* desde pequenino não tenha base para comparar como seria se não tivesse tido tanto... Afinal, não viveu a realidade do despojamento, do *não ter*. Do desejar sem poder satisfazer. Menos ainda do *precisar* e do *não poder ter*. E o que se recebe assim, fácil, todo dia, é encarado como normal, como natural. Corriqueiro — quase um direito sagrado. Portanto, assim aceitam e sentem — sem culpas. Acreditam, se é que pararam para pensar no assunto, que o mundo sempre foi assim, porque "o antes" eles não conheceram. E, se tentaram lhes contar, não lhes interessou ouvir. E pais *Baby Boomers* não queriam impor nada aos filhos, não é mesmo? Tiveram tudo porque *o papai quis dar*. Não devem nada, portanto, assim raciocinam. Deu porque quis e podia, afirmam isentos de gratidão também.

É verdade: quem pode comparar o "antes" são os que — tendo tido educação rígida, muitos interditos, proibições, pouquíssima liberdade e espaço decisório — deram aos filhos *o que não tiveram*.

> *"Tive um cliente com excelente padrão de vida. Vinha sempre acompanhado da esposa ao meu consultório. Um dia, me contou que o filho único encontrara uma moça ótima, e que iam se casar em breve. Estava todo feliz antevendo a chegada de netos... Contou-me, inclusive, que, como estavam ficando mais velhos, colocaram o apartamento excelente em que viviam, em Ipanema,*

no nome do filho, para que, no futuro, quando morressem não precisasse pagar imposto de transmissão do imóvel que se valorizara muito com o passar dos anos. Bem, depois disso ele sumiu por vários e vários meses. Um dia, voltou por uma necessidade mais séria de saúde. Notei-o abatido e acabado, ele que era uma pessoa totalmente entusiasmada e alegre. A esposa também estava visivelmente mais magra, sumia nas roupas. Acabrunhada, calada, só olhava o chão. Perguntei o que os tinha feito desaparecer tantos meses das consultas — que antes eram bem regulares. Estarrecido o ouvi me contar que o filho e a nora os tinham 'obrigado a sair do apartamento' nem bem tinham terminado os primeiros meses de casados. E eles tiveram que sair. Afinal, agora era propriedade do filho... Estavam morando num pequeno apartamento alugado num bairro bem menos nobre, e, ainda assim, com sérias dificuldades para pagar aluguel, condomínio, remédios etc. A tristeza maior, porém, se devia, evidentemente, à amarga e impensável decepção que haviam sofrido."

(N.M., médico, 65 anos, dois filhos, um neto.)

O pai *Veterano* dizia e repetia, sempre e sem constrangimento, que <u>os filhos lhe deviam tudo</u> — até a própria vida! E exigia respeito, obediência; afinal, o que é mais valioso do que a vida? Quer dívida maior? Impossível pagar!

Por essa razão, outra coisa que os *Boomers* mudaram ao educar você, meu querido, foi que decidiram não cobrar nenhum retorno do que fizeram. Mas esperavam receber. Porque quem dá amor espera receber amor em troca; quem respeita quer ser respeitado. E por aí vai. Leia o depoimento abaixo, que retrata uma situação corriqueira e frequente na infância dos seus pais:

> *"Na família do meu pai eram cinco irmãos. O mais velho foi escolhido para estudar Medicina. O segundo e o terceiro, meu pai e meu tio caçula, foram designados para trabalhar desde cedo. Só estudaram até concluir o primário. Ninguém perguntou ao mais velho se queria ser médico, nem aos mais jovens se gostavam da ideia de trabalhar e não ir mais à escola. A irmã, única mulher, ficou em casa, para casar."*

(Z.A.L., 70 anos, aposentado, dois filhos adultos, casados.)

Se duvidar, pergunte a pessoas com idade acima de 60 anos. Você vai descobrir como era comum!

Talvez por isso, os papais *Boomers* lutaram, e muito, para mudar as relações com seus filhos, dando-lhes quase total liberdade, especialmente nas decisões essenciais — um ganho e um progresso imponderáveis! E, pela mesma razão, jamais transformaram em palavras as expectativas afetivas de reconhecimento, afeto e gratidão que julgavam que receberiam no futuro. *Não queriam cobrar*, como tinham sido cobrados no passado. Tinham convicção de que, agindo dessa forma desprovida e generosa, você e todos os seus colegas de geração lhes dariam até mais do que estavam recebendo, porque era outra relação.

Surpreendentemente, porém, você e seus colegas de geração não se sentem absolutamente em débito. Pelo contrário: qualquer sugestão ou pequena exigência pode fazê-los explodir.

Eu pedi para nascer? Perguntam, indignados e *humilhados*, por bem pouca coisa, no caso dos poucos papais *Boomers* que têm coragem para cobrar qualquer coisa. Notas melhores na escola, por exemplo, ou *permissão* para fazer uma limpezinha no inexpugnável quarto do filho, ao qual só adentra com permissão expressa!

É, a guinada foi de 180 graus! Mas você, que é da geração dos novos papais, veja bem, você também viverá o momento "seus filhos cresceram". E que Deus permita, porque pode ser uma grande felicidade. Ou não. Vai depender muito de como será sua relação com o filhote.

> *Que tal começar a pensar a respeito agora, enquanto é tempo? Garanto que a leitura vai ajudar!*

Quer coisa pior do que contar alguma coisa que achou interessante para um filho muito amado, até mimado, crente de que ele o ouvirá, e perceber, dois minutos depois de começar, que ele *já está com aquele olhar de quem vai morrer de tédio?* E sem nem tentar disfarçar um pouquinho? E isso depois de você ter ouvido *todos* os problemas que ele lhe despejou assim que chegou! E que você ouviu, cheio de amor e vontade de ajudar. E ajudou.

Olhe, não é invenção, acontece a toda hora!

> *E vai acontecer com você também quando seus filhos crescerem. A não ser que...*

Bem, a não ser que você aceite meu convite e leia até o fim. Só assim poderá evitar que o mesmo lhe ocorra.

> *"Estávamos reunidos em casa para o jantar. Eu os convidara, é claro! Se não fosse assim, não viriam nunca — a não ser nos finais de semana em que estivessem sem empregada ou babá... Mas isso não vem ao caso. O que importa é que estávamos todos em torno da mesa, filhos, noras, genros, netos. Aquela confusão habitual. Aquele burburinho. Eu queria dar uma notícia boa, um convite de trabalho que recebera e não sabia se aceitava ou não. Queria ouvir a opinião dos filhos, todos já adultos, profissionais e, portanto, habilitados a julgar e ajudar; comecei a contar por três vezes, e, a cada minuto, um interrompia para fazer uma gracinha, uma piada, e distraía todo mundo. Por duas vezes comecei, por duas vezes fui interrompido. Avisei de novo: 'Filhos! Quero contar uma coisa!' Começava. Um minuto depois, alguém interrompia e falava uma bobagem qualquer, tipo 'me passa a batata'! Na quarta vez, chateado, parei no meio, sem ninguém ter me interrompido, mas porque me pareceu que ninguém estava interessado no*

que eu dizia. Parei no meio — e não recomecei. Só para confirmar se era impressão ou realidade. E ninguém notou! Ninguém perguntou nada, ninguém tinha ao menos percebido que eu parara no meio!!! Ou se tinham percebido não estavam interessados em participar, nem em opinar ou ajudar. Só minha mulher, que me olhou triste, compreendeu tudo."

(M.L., advogado, 56 anos, casado, dois filhos adultos.)

O que nos tornamos uns para os outros?

Capítulo 3
A *revolução dos* Baby Boomers

O que pensavam e sentiam os *Boomers*, que os levou a iniciarem, em torno dos anos 1960-70, a luta que mudou a feição da família e a forma de se relacionar dos pais com os filhos? Basicamente:

> *Julgavam que seus pais eram pessoas muito repressoras — e também muito reprimidas —, com excesso de tabus e proibições.*
>
> *Sentiam que seus pais não lhes davam possibilidade de expressar seus sonhos, desejos e necessidades.*
>
> *Consideravam que, por isso mesmo, não tinham liberdade com eles.*
>
> *Além disso, criticavam muito a sociedade da época, que tachavam de hipócrita, voltada para a aparência e não para a realidade das relações.*
>
> *Também criticavam a posição que a mulher ocupava na sociedade, especialmente as relações de gênero, que viam como estruturadas para diminuí-la, apresentando-a ao mundo e a si própria como incapaz para tarefas*

realmente "importantes", que ficavam, portanto, a cargo dos homens.

Achavam que donas de casa dependentes dos maridos deviam ser substituídas por uma nova mulher, independente financeira e profissionalmente, libertando-se do jugo financeiro através do trabalho e da profissionalização. Queriam, sobretudo, que lutassem para serem reconhecidas como igualmente capazes profissionalmente e em qualquer área do conhecimento.

E empreenderam uma verdadeira revolução. Em vários níveis. Hoje, decorridos quarenta e tantos anos, já se tem distância psicológica e fatos concretos que permitem analisar se as mudanças introduzidas na família — âmbito específico que será aqui enfocado, embora o projeto dos *Boomers* tenha sido extremamente mais amplo — significaram progresso. E, se houve progresso, atingiu a quem? A sociedade? Os indivíduos? A todos?

Considero que houve progresso social quando uma mudança privilegia os que pensam o homem como irmão e os que acreditam que são as nossas atitudes que podem tornar nosso planeta um lugar plausível.

Acho que podemos dizer que a mudança que os *Boomers* pretendiam se concretizou se, de alguma forma mensurável, pudermos avaliar que quem mudou devido a essa nova maneira de educar e se relacionar na família — como também no plano profissional e social — agora, adulto, sabe e consegue olhar o outro de frente, sem máscaras, e não enxerga apenas o reflexo dos seus desejos e vontades, mas também aquilo que de fato o outro é, sente e necessita.

Um mundo assim, maravilhoso, para existir harmoniosamente, depende da forma pela qual *cada um* age e pensa, e também dos sentimentos que escolhemos alimentar e dos que lutamos para eliminar; um mundo incrível assim tem que ser constituído por pessoas que agem no sentido de unir e irmanar. Formado, portanto, por homens que colocam o *nós* acima do *eu*; o *nosso* acima do *meu*. Que colocam a empatia e a generosidade como formas principais de olhar o outro e de viver.

Era esse o sonho lindo dos *Boomers*. O que será que conseguiram concretizar?

- *Conseguiram tornar o ser humano melhor?*
- *Eliminando a hierarquia que imperava na família, tornaram as relações entre pais e filhos mais verdadeiras e profundas?*
- *Seus filhos (as gerações X e Y) são em termos humanos melhores do que eles* (Baby Boomers) *foram?*
- *Essa nova educação familiar melhorou a sociedade?*

Os *Baby Boomers* mudaram quase tudo na relação com os filhos: o jeito de se relacionar, os objetivos e a forma de educar. Tinham tantas críticas e tanta vontade de mudar o mundo, de romper com o que à época se denominava "a farsa e o moralismo da classe média"! Foi um movimento bonito, entusiasmado e entusiasmante, que se materializou em mudanças sociais importantes — dentre as quais, a liberação da mulher e sua ascensão social e profissional. Gerou indiretamente também uma nova ética, que se refletiu concretamente no seu espaço imediato de ação, especialmente o das mães: na educação dos filhos, que sempre foi responsabilidade da família.

Colocaram abaixo as "imposições autoritárias", que era como encaravam a forma de educar de seus pais; instauraram a confiança e a fé absoluta na relação dialógica, na comunicação falada, racional, que, acreditavam, iria eliminar a necessidade de os pais usarem sua autoridade de modo impositivo, assim como eliminaria a necessidade de qualquer tipo de castigo (físico ou não), substituindo-o pela racionalidade do diálogo, que geraria o entendimento. E propiciaram a seus filhos exatamente o que não tinham com seus pais: _liberdade_.

Os *Boomers* tiveram que conquistar cada pequeno espaço de poder, subtraindo-o de seus pais, autoridades até então inquestionadas.

As conquistas foram muitas; a luta, árdua. Para empreendê-la, boa parte deixou a casa dos pais. Saíram para morar em "repúblicas" que era como chamavam os pequenos apartamentos que dividiam com outros estudantes e jovens, compartilhando gastos e responsabilidades, apenas para garantir a liberdade de viver da forma que acreditavam fosse a melhor para suas vidas. Sim, porque na casa de seus pais estas ideias eram rechaçadas. Quase sempre a saída gerava grande queda no poder aquisitivo, mas eles abandonavam as mordomias de que até então desfrutavam pelo sonho de "ser dono do próprio nariz" e de defenderem as ideias nas quais tanto acreditavam.

Fizeram bicos para garantir comida e aluguel: trabalharam como garçons, fizeram faxina, deram aulas particulares aqui e ali... Mas defenderam suas ideias com garra. O que perderam em termos materiais foi plenamente compensado pela autonomia conquistada: o simples fato de poderem, por exemplo, receber amigos na hora e local que bem entendessem; de poderem decidir se almoçavam ou não; se iam ler, estudar ou não fazer nada — pequenas conquistas que à época eram grandes. Claro que essas foram as pequenas conquistas, mas as grandes fizeram realmente "A" diferença na vida deles — e na sua, que hoje me lê, também!

Para quem é jovem hoje, pode parecer coisa boba, à toa. *Lutar por isso? Foi preciso?* Poderá o leitor pensar. Sim, foi preciso! Hoje é normal ter essas pequenas benesses como um direito, até. Mas antes dos *Boomers* não era não. Naquele tempo, nem tão longínquo assim, havia que pedir licença aos pais para receber amigos; havia que explicar por que não estavam estudando — ou por que estavam estudando... A autoridade dos pais se fazia presente em cada pequeno detalhe da vida. Não que fosse horrível, não que os pais de então fossem algozes. Nada disso. Eram bons pais, zelosos, cumpridores; amavam seus filhos do mesmo jeito que nós amamos os nossos, mas eram os "donos". DE TUDO. Da casa, do quarto, da vida de quem deles dependia. E não tinham medo nem vergonha alguma de exercer o seu "pátrio poder". Eles davam, sim, o que os filhos precisavam. Estudo, comida, proteção, remédios, roupas. Mas exigiam retorno. E muito. Definiam os caminhos. E as regras para se alcançar esse caminho.

Os *Boomers* viveram sua juventude numa época em que se respirava o sonho da liberdade. E foi aí que decidiram tomar seu destino nas próprias mãos. Alguns se engajaram em lutas políticas, outros aderiram ao movimento *hippie*, parte estudava à noite, trabalhando durante o dia, para garantir que suas escolhas pudessem ser feitas sem pressões da família. Porque a interferência era grande. Muitas vezes eram mais do que interferências; eram decisões prontas, definidas e definitivas, tomadas pelos pais e, em algumas famílias, pelos avós também, especialmente quando eram os gestores e donos do negócio que sustentava o clã.

A geração dos Veteranos praticamente definia os rumos da vida dos filhos. Como seus pais haviam feito antes, e seus avós e bisavós idem... Ditava comportamentos, regras de conduta; escolhia profissão, esposa/marido; quais dos filhos iriam estudar e quais iriam trabalhar etc.

E eram decisões inquestionáveis. Quem se insurgisse era reprimido; às vezes, sancionado.

Para quem nasceu no final do século XX, como você provavelmente, chega a parecer mentira ou loucura imaginar que o filho que se negasse a obedecer ao que os pais lhe haviam destinado poderia ter os estudos cortados e ficar às voltas com seu próprio sustento.

Em algumas famílias mais liberais havia um pouco mais de condescendência. Talvez em alguns casos os pais ouvissem e ponderassem a colocação de um filho que ousasse dizer que preferia ser advogado e não engenheiro. Sair um pouquinho dos trilhos podia ser passível de análise. Mas se desviar "muito" do que fora estabelecido como aceitável certamente não podia. Havia um modelo a ser seguido.

É importante que você, leitor, que deve ter entre 30 e 40 anos, saiba como as coisas funcionavam, porque só assim você poderá entender a luta dos *Baby Boomers* — e os enormes ganhos que eles transferiram a vocês, das gerações X e Y. Lutaram para suavizar e diminuir a rigidez dos seus avós. E venceram. O prêmio — *a liberdade tão sonhada* — quem de fato usufruiu foram vocês.

Outra coisa que poderá surpreender aos que já nasceram com liberdade para criticar pais, professores: naquela época raramente pai tinha problemas de culpa, muito menos reavaliava atitudes ou decisões. *"Palavra de rei não volta atrás"*, diziam. Se os filhos não estivessem felizes ou discordassem do modo de viver da família, que "se mudassem", que fossem tratar de suas vidas, *"a porta da rua é a serventia da casa"...* Assim se pensava. Mudar de ideia era encarado como fraqueza e podia ameaçar a autoridade parental. *Portanto, nada de dar o braço a torcer.*

Lembrou-se de quantas vezes você e sua esposa já pediram desculpas ao Júnior, que só tem 4 aninhos? Tenho quase certeza de que você estava pensando nisso...

Com as moças a situação era ainda mais rígida. Se ficasse grávida antes do casamento — pior dos escândalos — era posta na rua, ou era mandada para morar com parentes em outra cidade para não manchar a honra da família. Não, não é exagero. Seu nome poderia ser *riscado do mapa*, e em alguns casos até se proibiam os demais membros da família de citá-lo. O que o pai, figura máxima de autoridade, decidisse, tinha que ser cumprido.

Ufa! Que alívio ter nascido bem depois, não é?

Sim, era dura a relação. Estudando o assunto, descobri histórias incríveis que aconteceram no passado recente. Se você conversar com pessoas que estão hoje entre 50 e 70 anos, vai descobrir que muitas delas, muitas mesmo, têm em suas famílias ou em suas relações histórias semelhantes para contar.

Uma dessas pessoas me contou que, por volta de 1935, ela, primogênita de cinco irmãos, então com 16 anos, conheceu e se apaixonou por um rapaz, que infelizmente não tinha o perfil que seus pais haviam definido como o ideal para ela se casar. Esse perfil geralmente incluía nível de estudo, condição social e financeira etc. Sabendo que não haveria possibilidade de conseguir aprovação para esse amor, fugiu de casa. Uma noite pulou a janela de onde morava e foi viver com seu escolhido. Dali em diante, seus irmãos e demais familiares foram proibidos até de pronunciar o nome dela.

Não, não fique muito bravo com eles, por favor. Era assim que se pensava e agia à época (século XX, lá pelas décadas de 1920, 1930). Não eram "pessoas sem coração" como poderá parecer ao leitor mais jovem. Claro que doía muito, e claro também que eram decisões que se acatavam com grande sofrimento. Vivia-se um tempo em que o que se considerava "dever" não era questionado. Também não se interpelava nem se questionavam decisões de quem detinha o poder, de quem era "autoridade" — e o provedor financeiro, já que a mulher não trabalhava (a não ser em casa nas funções de mãe e esposa). E, na família, o pai era autoridade de fato. Ninguém retrucava nem o inquiria sobre suas decisões. As mulheres eram dependentes, tanto do ponto de vista financeiro, quanto social e emocional: do pai primeiramente, e depois, quando casavam, do marido. Saíam da casa do pai para a casa do marido. De um dono para outro.

E se você me perguntar se essas pessoas eram terríveis, monstros que comiam criancinhas, terei que lhe responder: não, eram perfeitamente normais, honestas, trabalhadoras, o que a gente costuma chamar de "gente boa". Só que as regras sociais e a cultura da época eram essas. Rígidas, inflexíveis. E, por incrível que lhe pareça, até os filhos achavam natural obedecer a pai e mãe — nessa ordem.

Outra coisa que os filhos dos Veteranos cansaram de ouvir foi: *"Faça como estou mandando. Eu sei o que é melhor para você."*

Geração após geração, todas — com raras mudanças, quase imperceptíveis — acompanharam o modelo e seguiram as mesmas orientações e critérios de seus pais. Cada uma delas educava os filhos como tinha sido educada. Que conceitos passar, que caminho seguir: tudo firmemente alicerçado nesse modelo, passado de pai para filho, década após década.

A hierarquia de poder na família era assim: O pai, autoridade máxima, era o provedor e juiz. Em seguida vinha a mãe, segunda na escala hierárquica. Devia, portanto, obediência ao escalão superior (no caso o marido). A esposa, por sua vez, tinha enorme autoridade sobre a hierarquia imediatamente inferior: os filhos. Com o pai eram resolvidos apenas problemas que a mãe sentisse dificuldade em solucionar. E as questões mais graves, claro, porque, naquela altura do campeonato, mulher era quase cidadão de segunda categoria. Era a "rainha do lar" — eufemismo utilizado para adoçar a boca de quem trabalhava 24 horas por dia, sem carteira assinada, sem aposentadoria (muito menos férias ou décimo terceiro salário), catando roupa suja, lavando, passando, servindo refeições, fazendo compras, encerando o chão, lavando banheiros, limpando sola de sapato, cueca suja, cuidando dos filhos, corrigindo deveres, olhando e costurando roupas, orientando, consolando, recebendo o *chefe da família*[7] e lhe tirando os sapatos dos pés cansados — *tadinho*, tão exausto ele chegou do trabalho —, servindo-lhe o jantar, depois trazendo um drinque para relaxar etc.

Ninguém incomodava pai/marido com *coisinhas bobas* do dia a dia. Quando ele chegava em casa, todos tinham que falar baixinho (e, acredite, todos faziam direitinho — e olhe que naquele tempo as pessoas tinham três filhos ou mais), e até se andava com passo mais leve. As crianças se recolhiam aos quartos ou saíam para os quintais ou para a rua, a fim de não "incomodar" quem pagava as contas e trazia o sustento para casa, dava conforto e segurança. Essa classificação era clara e nítida como água. Não se questionava se o que o pai dizia ou decidia era justo ou acertado. Era o pai que tinha dito? Então, ponto-final.

---

[7] Mesmo na declaração do imposto de renda, há bem pouco tempo, no Brasil, ainda se utilizava essa expressão, muito embora as mulheres por vezes já ganhassem até mais do que o marido. Mas assim permaneceu até recentemente, quando mudou para cabeça do casal.

Esse modelo vigorou até os anos 1950, aproximadamente.

Finda a Segunda Guerra, em 1945, o retorno à paz trouxe também a reconstrução das cidades; a normalização da vida e a busca da cura das feridas físicas, afetivas e morais; marcou também o retorno dos combalidos sobreviventes desse terrível período da história recente da humanidade — maridos, filhos, noivos, namorados — que reencontraram (quem teve muita, muita sorte) esposas, mães, noivas e namoradas. A absurda perda de vidas[8] e o alívio pelo fim do terror, penúria, racionamento, incertezas e medo constantes fizeram renascer a esperança, além de um compreensível frêmito de compensação, que ocasionou o fenômeno conhecido como *Baby Boomers*[9] (daí o nome da geração de seus pais).

Esses jovens não poderiam ser iguais aos das gerações anteriores... Seguramente não. Nasceram no final ou depois de uma das mais cruentas conflagrações mundiais, que deixou marcas em toda a humanidade, iniciando um processo irreprimível de renovação do pensamento. Fortes ventos libertários começaram a soprar, fruto da criação renovadora de pensadores das mais diversas áreas do saber. *Na Filosofia*, Jean-Paul Sartre, Simone de Beauvoir, Michel Foucault, entre outros, se tornaram ícones da juventude, com suas ideias de liberdade e definição pessoal não impingida (bases

---

[8] Estima-se que cerca de 60 a 70 milhões de pessoas morreram no conflito, aproximadamente 20 milhões de soldados e 40 milhões de civis.
[9] Do inglês, *baby boom:* explosão de bebês.

do Existencialismo); surgiram também lideranças feministas de destaque (Betty Friedan[10] à frente de outras tantas); *na Medicina*, pesquisas de estudiosos como Sigmund Freud, Carl Jung, Willem Reich, Sándor Ferenczi, para citar alguns, mudaram a Psiquiatria, trazendo novos e revolucionários conceitos sobre afeto e libido; *na área social e política*, o ideário *hippie* colocando-se contra a guerra e a obrigatoriedade do alistamento militar,[11] a luta contra todas as formas de ditadura de Estado; a mentalidade da contracultura;[12] *nas Ciências*, os progressos, iniciados durante a Segunda Guerra,[13] tiveram extraordinário impulso; *nas Artes e na Literatura*, crescem o cinema de vanguarda, a poesia engajada; *na Educação*, estudantes universitários e do Ensino Médio lançam uma série de reivindicações de mudanças na França, sob a liderança de Daniel Cohn-Bendit, Alan Geismar e Jacques Sauvageot, principais figuras da chamada Revolução Estudantil de Maio de 68. Essa efervescência intelectual se propagou rapidamente por todo o Ocidente num crescendo irresistível, que

---

[10] Escritora americana, ativista pelos direitos da mulher, que, em 1963, publicou livro que a tornou conhecida em todo o mundo *The Feminine Mystique* e que, em 2013, completou cinquenta anos de publicação, com direito à edição de luxo, comemorativa.
[11] Especificamente a Guerra do Vietnã, mas, no plano geral, contra quaisquer guerras.
[12] Postura dos que rejeitam e questionam valores e práticas da cultura dominante da qual fazem parte.
[13] Chegada do homem à Lua; início da comercialização da pílula anticoncepcional, por exemplo.

culminou e rapidamente contagiou dezenas de países, mostrando uma geração revolucionária e contestadora do *status quo*.

Em nenhum momento, porém — e isso é essencial ressaltar —, deixaram de assumir riscos, responsabilidades e consequências da luta que empreenderam.

Sonharam principalmente em construir uma sociedade íntegra, no sentido lato do termo (*ser por inteiro*), na qual as pessoas se mostrassem sem máscaras. Lindo sonho!

E transformaram a realidade. Ao menos em parte.

Capítulo 4
E viva a liberdade!

Agora, passados mais de quarenta anos, os *Boomers* já são avós. Você cresceu usufruindo a liberdade que eles conquistaram; tornou-se adulto e independente; agora é pai por sua vez. Momento perfeito para a análise que estamos fazendo, porque só quem é pai compreende os temores e preocupações de outro pai. Você e provavelmente seus irmãos já estão casados, morando sozinhos ou acompanhados, mas emancipados. Adultos.

Perfeito também para seus pais e você pensarem no resultado das mudanças: os *Boomers* conseguiram concretizar o projeto que queriam? O ser humano hoje é *melhor* do que foram os das gerações anteriores?[14]

Enlouqueceu, Tania? Perguntarão muitos. É impossível avaliar o que você pretende...

Não, não enlouqueci. É que não *quantifiquei* nada, como você verá. Trata-se apenas de um convite à reflexão. Na verdade, uma pequena parada, que talvez possa tornar-se

---
[14] Se tiver dúvidas ou não se lembrar, releia os objetivos na página 12. É importante!

um apoio e ponto de partida para as gerações que estão agora começando a educar seus próprios filhos. Os netos dos *Baby Boomers*, seus filhos, meu caro leitor!

Escolhi *uma* somente dentre as várias interfaces que comporiam a complexa análise de toda essa revolução. A que foi o eixo, o motivo e a razão da mudança: *o desejo de liberdade (e de igualdade)*, de ser livre para decidir os rumos de sua vida. Quase uma nova "revolução francesa"[15] — só que na família.

Na prática, significou que tomaram medidas para não "reprimir" suas crianças. Começaram suprimindo os horários de seus bebês; anos depois, reivindicaram menos rigidez e mais flexibilidade nas escolas; e, outros tantos anos depois, estabeleceram umas poucas regras para os filhos adolescentes, fora e dentro de casa... Regras e limites passaram a ser vistos com desconfiança, como sinal de autoritarismo e rigidez; indesejáveis, portanto, para quem pleiteava dar aos filhos *"toda a liberdade que não tiveram"*.

Um exemplo prático, para você entender melhor. Até então, os livros de cabeceira dos pais Veteranos[16] pre-

---

[15] "Liberdade, igualdade, fraternidade", o lema da Revolução Francesa, pode muito bem, numa livre adaptação, corresponder, em boa parte, ao que buscava essa geração idealista e lutadora.

[16] Os mais lidos eram Benjamin McLane Spock, pediatra americano, autor de *The Common Sense Book of Baby and Child Care* (1946, 1ª ed.), traduzido para cerca de quarenta idiomas e que em 1998 já tinha vendido mais de 50 milhões de exemplares, um dos maiores êxitos editoriais do mundo, cujas ideias sobre educação de filhos influenciaram tremendamente pais e mães na década de 1960, e Dr. Rinaldo De Lamare, *A vida do bebê* (1941, 1ª ed.), que em 2001 estava na 41ª ed.

conizavam que as mamadas deveriam ser oferecidas com intervalo de três horas, nos primeiros meses de vida. Se o bebê chorasse no intervalo, só seria oferecido chá ou água até a próxima mamada. Essas verdadeiras "bíblias" dos pais Veteranos, ao longo de tantos anos e edições, foram sendo flexibilizadas pelos próprios autores, movidos pela influência libertária que começava a ganhar importância no Ocidente. Pouco a pouco, a orientação clássica dos pediatras e, consequentemente, a filosofia de seus livros foram mudando. No caso do exemplo, isso mudou para algo como *"ofereça o seio toda vez que o bebê quiser"*. A partir daí, quando o bebê chorava, a mãe o colocava para mamar. E, como nem sempre era fome o motivo do choro (afinal, seja fome, sede, frio, sono, dor de barriga, dor de ouvido, vontade de ganhar carinho e outras mais, a criança manifesta-se inicialmente da mesma forma no primeiro ano de vida: choro!), os pais (mais as mães do que os pais) começaram uma louca jornada que só terminava anos depois. Dia e noite. Tudo em nome da liberdade! O bebê *quer* mamar? Pois que mame... Nada de horário!

Outra expressão desse *direito à liberdade* foi a abolição do *tempo* de duração de cada mamada. A orientação anterior era deixar o bebê em torno de 15 minutos em cada mama, com um pequeno intervalo de cerca de dois a cinco minutos para se colocar o bebê "para arrotar". Ao final desse tempo, oferecia-se o outro peito.

E ponto final.

Pode até parecer duro, mas não era, não. Com tempo certo e intervalos regulares, a amamentação, fosse no peito ou na mamadeira, se resolvia em cerca de quarenta minutos. Sei que alguns vão pensar: como *se resolvia*? *Amamentar é coisa muito séria, temos que fazer da melhor maneira possível e não "resolver"!* É que *resolver* nesse caso não significa *não ligar* para a alimentação do bebê. Significa que a mãe, quando a orientação era mais específica, tinha parâmetros para avaliar a alimentação com segurança. O que era extremamente útil.

Quando pequenos, os bebês tendem a se cansar rapidamente. E, cansados, adormecem. Quando havia um tempo certo — tendo dormido ou mamado —, a alimentação era interrompida, e o bebê que mamou menos porque adormeceu estaria com mais fome na próxima mamada; daí que, provavelmente, não adormeceria novamente tão rápido porque a fome o motivaria para a sucção. Se, porém, segundo a nova orientação, é permitido dar de mamar quantas vezes o bebê "solicitar" (traduzindo: choramingar), ele acaba *sempre meio saciado*, razão para parar de mamar e dormir um pouquinho. Daqui a trinta minutos, novamente acordado pelo estímulo da fome, o bebê acorda e chora! E lá vai a mãe oferecer de novo o peito! Assim o ciclo vai se perpetuando: ele acorda meia hora depois. E mama mais um tiquinho... E assim vai passando o tempo. Porque o bebê não estava realmente ávido. Nessa situação, uma única mamada pode durar perto de duas horas até! E, para desespero dos pais, essa falsa sensação de plenitude pode ocorrer várias vezes no período, confundindo o bebê e seus pais. Resultado: ao final de duas horas, coloca-se a criança no berço, mas antes, claro, troca-se a fralda, ajusta-se a roupa, enfim, consomem-se *rapidinho* as horas que separam uma mamada da outra nos primeiros meses de vida — daí que, em quinze ou trinta minutos, o bebê chora de novo e... Será que é fome? Vamos tentar de novo, então! E, assim, passam-se os dias e as noites também, durante meses. De repente, pensam os pais — completamente exaustos —, é melhor passar logo para a mamadeira! Outros, menos esclarecidos, pensam que o bebê está doente, ligam mil e uma vezes para o pediatra, perdem a paciência e... Começam tudo novamente!

É; a medida "libertária" parece ter escravizado os pais *Baby Boomers* por um bom tempo... E, ao menos em termos de organização e orientação, trouxe resultados bem diferentes do sonhado: pais exaustos.

E o que ganharam os bebês? Parece que nada, porque hoje a orientação voltou a ser mais regrada, embora alguns pediatras ainda orientem para mamadas tão longas que quase chegam a se juntar à próxima. O que só traz pais exaustos, sem dormir, que acabam passando sua ansiedade e cansaço para os filhos, sensíveis que são a quaisquer mudanças de humor dos pais. Não são poucos os que depois de poucas semanas de boas intenções — *"vamos cuidar do nosso bebê sozinhos"* — apelam correndo, desesperados, para as experientes babás (quem as pode contratar). *E vamos dormir logo, que eu não aguento mais!!!*

Sempre recordo uma amiga que, tendo tido seu primeiro bebê com mais de 40 anos, me perguntou de cara, logo na primeira vez em que fui visitá-la: *Pelo amor de Deus, Tania, me diga: quando é que eu vou deixar de ser uma mamadeira?* Seu desejo de ser mãe era enorme, aliás, foi e é ótima mãe, dedicada, atenta e feliz, mas a pergunta que me fez, somada às imensas olheiras, não deixava margem a dúvidas: ali estava uma pessoa que não dormia há pelo menos três semanas... Será que nós, quando bebês, passamos fome realmente, só porque tínhamos que esperar as três horas convencionais para mamar? Certamente que não. E, devido a isso, a vida da família e do bebê rapidinho se organizou e, mais importante, a alimentação também.

Foi em nome da liberdade que se começou a "facilitar" o dia a dia dos filhos. Quer dizer, se *pensava* estar facilitando. A prática mostrou que, dando de mamar o tempo todo, logo surgia outra necessidade imperiosa: dormir o mais rapidamente possível, antes que o bebê chorasse de novo. Daí que os pais que não podiam pagar as boas e caras babás, exauridos que estavam, resolveram trazer o bebezinho para a cama do casal, porque assim ficava tudo mais confortável, mais simples e mais prático. Então, ótimo!

Ótimo? Nos primeiros meses. E depois? Depois, a criança, acostumada a dormir na cama dos pais, foi crescendo. As primeiras cotoveladas, levezinhas, quase um carinho que só tornava o repouso dos pais mais feliz, foram ficando mais fortes. E mais ainda, a cada semana, a cada mês. Já nem tão gostosas assim... Meses depois, o nenê virou um menininho (ou garotinha) espaçoso, que continuou a dormir na cama com a mamãe, porque se acostumou — já não mama no peito há meses. Sem falar no irmãozinho mais velho, que, tomado de ciúmes pelo privilégio inaceitável do novo habitante da casa, também se mudou para a cama do casal. A criança (ou as crianças, dependendo do caso — ou da casa) foi se tornando mais vigorosa e, assim, surgiu, em muitos lares, a figura do *"sem cama"*,[17] em geral o companheiro que não amamenta e acaba sendo "expulso" do anteriormente seu espaço, que agora é do implacável filhote chutador. E como, afinal, ninguém é de ferro, o que no início era lindo, com o tempo azedou. Situação bem corriqueira hoje e que às vezes até abala as relações do casal.

Sono é necessidade básica, primária. Vital e insubstituível. Não é à toa que o homem usou (e usa ainda, infelizmente)

---

[17] Autodenominação dada por um simpático amigo ao viver a situação acima descrita e que, generosamente, me emprestou para utilizar aqui.

torturar presos não os deixando dormir. É método seguro para abalar qualquer estrutura.

E o pai? Ou está dormindo no bercinho do filho ou comprou um sofá-cama... E haja coluna!

Foi também pelo incontido desejo de liberdade que os pais *Baby Boomers abraçaram* com muito fervor as teorias psicanalíticas. Como a Psicologia e a Psicanálise são ambas voltadas para o estudo do indivíduo, e não têm como objeto questões sociais, caíram como luva no contexto de então. Ambas as áreas de estudo visam a pessoa, o eu.

E, por estranho e paradoxal que pareça, a Geração Libertária (como é também conhecida a geração pós-guerra) — essencialmente generosa; preocupada com o mundo, com a igualdade, com o relacionamento não hipócrita e verdadeiro entre as pessoas; que lutou contra a miséria, a guerra e a fome; a favor do amor e da paz; ferrenha defensora da igualdade de gênero, cor e classe social — trouxe para casa uma forma de educar que acabou tornando seus filhos (gerações X e Y) bem mais egocêntricos (até bem egoístas, em alguns casos), como verá o leitor, ao longo do livro.

É importante compreender que a forma pela qual se educa na infância e na adolescência tem relação direta com o comportamento que a criança terá no futuro, o que responde *em boa parte* à questão angustiante que preocupa pais conscientes: *Quem ou como vai ser o meu filho amanhã?*

Quero deixar bem claro aos papais de hoje — que cresceram num ambiente familiar bem livre e sem muita hierarquia, que dominam a tecnologia como poucos e que, em geral, não gostam muito de ler — que, por mais deslumbrante que seja o seu filhote, por mais deliciosa que seja a relação, especialmente quando se deixa a criança fazer o que bem entende, que esse encantamento pode mudar em muito pouco tempo. A *única arma* de que você dispõe para combater os perigos do entorno social, as fortíssimas influências das mídias, assim como a inexorável ação dos elementos inatos de personalidade, é a *Educação*. E não se iluda: é a partir de *um ano e meio*, aproximadamente, que a aprendizagem e a socialização devem começar. Não pensem que *"quando ele crescer vai entender"*. À medida que o tempo passa, menor vai se tornando a influência da família.

> Neste livro você vai encontrar fundamentos que o ajudarão a escolher, com consciência, o tipo de relação que deseja ter com seus filhos, porque compreenderá que a forma de educá-los refletirá você, assim como a dos seus pais se refletiu sobre eles, como os depoimentos atestaram.

Capítulo 5
As mudanças

Agora você vai conhecer algumas das ideias que alavancaram as mudanças efetivadas pelos *Boomers*. A elas chamarei de premissas ou aforismos.[18] Claro que elas não estavam arrumadinhas como se fossem cartilha ou livro, mas faziam parte do ideário da geração, e foram elas que determinaram a maneira de agir de grande parte dos pais a partir dos anos 1970 aproximadamente.

As mudanças que ocorrem na sociedade em termos de comportamento são geralmente difíceis de detectar no seu início, porque quase sempre ocorrem de forma gradual. E é bem difícil saber em que direção elas levarão o grupo. Também é quase impossível prever o que vai resultar dessas mudanças. Pode-se imaginar, mas não afirmar. Certeza mesmo, só décadas depois — e na prática. Como os *Boomers* já têm agora filhos

---
[18] Aforismo é uma sentença curta que, em geral, explicita uma regra ou princípio moral.

adultos, avaliar o que resultou desse ideal de Educação tornou-se possível.

Simplesmente seus pais acreditavam que a base das relações interpessoais deveria ser o *diálogo*. Com parentes, amigos e... Filhos. Achavam que a troca de ideias era o melhor caminho para o entendimento e para a resolução de conflitos. Era um educar diferente, uma tentativa de democratizar as relações familiares, utilizando os mesmos princípios que promoveram a Revolução Estudantil de 1968. Acreditavam que assim estariam dando o melhor a você e seus irmãos.

Vamos analisar aqui alguns desses princípios — os que se tornaram mais evidentes —, assim como a forma pela qual influenciaram a relação.

E, especialmente para você que está educando seus filhos agora, é importante compreender essas modificações e atentar para suas consequências práticas — na família e na escola também.

> *Algumas* premissas *(aforismos) da relação dos* Boomers *com seus filhos:*
>
> 1. *Vou estar sempre ao seu lado, meu filho!*
> 2. *Autoridade e hierarquia, para quê?*
> 3. *Faça o que for melhor para você, querido!*
> 4. *Autoestima baixa: Deus livre nossos filhos disso!*
> 5. *Prova não "prova" nada; até os gênios tiravam notas baixas!*
> 6. *Diferenças individuais têm que ser consideradas.*
> 7. *Desorganização = alma de artista?*

Capítulo 6
Consequências das premissas

1. *Vou estar sempre ao seu lado, meu filho!*

Uma das coisas que mais incomodava os *Boomers*, como vimos, era a falta de diálogo e de liberdade com seus pais. Até então quem discordou, o fez internamente e se calou.

Mas os seus pais, esses não! *Como é que um pai pode expulsar um filho de casa por conta de uma carreira?* Perguntavam-se *inconformados*. Era um contrassenso com os princípios de liberdade e de igualdade que defendiam. Portanto, não podiam aceitar que se "deserdasse" um filho por não seguir o que o pai decidira para sua vida. Menos ainda que os filhos tivessem que se casar com quem não escolheram.

Você, leitor, que está com 40 anos, por aí, pode achar loucura ou exagero, mas não é. Eles de fato lutaram para mudar a realidade e tiveram tanto êxito que pode até parecer que essas imposições só aconteciam muitos séculos atrás. No entanto aconteceram com seus avós e com os amigos deles. Não é história de séculos. É história de apenas cinco a seis décadas, pouco mais que isso!

A maioria dos jovens de sua idade raramente expressavam suas necessidades ou desejos — porque sabiam que não iria adiantar. Ou, no máximo, provocaria um escândalo em casa.

Outra coisa: pensa que pais orientavam filhos sobre sexo? JA-MAIS! Era tabu (assunto proibido)! As meninas não menstruavam, "ficavam mocinhas"! Quer dizer, quando ocorria a menarca,[19] nem sabiam o que lhes estava acontecendo. E isso ainda acontecia com muitas jovens nos anos 1960! Viu como não está tão distante assim?

Com os rapazes, os pais eram um pouco mais liberais do que com as filhas. Por exemplo: tinham liberdade sexual, e nisso eram até incentivados, mal apareciam os primeiros pelos.

Por conta disso tudo é que seus pais enfrentaram seus avós na juventude. Seus avós diziam com frequência "que davam tudo" aos filhos: educação, formação moral, proteção, profissão. É verdade. Mas davam liberdade de escolha? Raramente.

É preciso que você saiba que essa luta não foi nada fácil... Nada fácil mesmo! Talvez então possa reavaliar o quanto realmente lhes deve e até mesmo a forma pela qual os trata. Sabendo o quanto demandou coragem e decisão, você entenderá também porque, quando tiveram seus próprios filhos, juraram que lhes dariam o direito de escolha e a liberdade que não tiveram, mas lutaram para conquistar.

---

[19] Primeira menstruação.

Para quem recebeu tanta liberdade sem precisar lutar por ela, pode parecer exagero falar em "luta", pode parecer até mesmo que a vida foi sempre assim — *mas não foi*. Nas famílias mais tradicionais, em que os pais eram muito rígidos, nessas não havia escolha! Era pegar a trouxa e sair! Envolveu sofrimento, que ninguém passa por isso impunemente. Significou abandonar projetos de estudo e profissionalização mais sofisticados para começar a ganhar seu sustento e pagar suas contas. Tudo valia a pena — desde que com liberdade. Os líderes do movimento eram universitários ou estudantes do Ensino Médio, uma elite intelectual que lutava por suas ideias. Para concretizar o sonho, moravam em apartamentos minúsculos, que dividiam com três ou quatro amigos: era o que podiam pagar. Ah, e não pense que saíam de casa como saem hoje os jovens de classes média e alta, quando (e se) resolvem "morar sozinhos". Não, *ninguém* (no caso os pais, claro!) alugava apartamento para eles, menos ainda continuava a lhes dar mesadas chiques (que concorrem com salários de muitos profissionais) ou a lavar e passar suas roupas, entregando-as de novo, prontinhas para uso, como tenho visto ocorrer atualmente entre os que se dizem "independentes"... *Saiu de casa porque quis viver do seu jeito, não foi? Então assuma!* Assim pensavam os Veteranos.

E eles assumiram. Trabalhavam no que dava e estudavam também, para concretizar *a sua revolução*. Muitos adiaram várias e várias vezes o dia da formatura, porque tiveram que trancar matrícula, reabrir, cursar mais um período, trancar de novo.

Nas "repúblicas", que era como se chamavam os apartamentos que alugavam, dividiam tarefas: arrumar, lavar louça, pagar contas, dar um jeito na bagunça, namorar, amar, conversar sobre insegurança, esperanças, medos. Tudo.

E, ainda assim, não odiavam seus pais. Aceitavam que pensassem diferentemente, mas assumiam e viviam suas vidas do jeito que queriam e acreditavam que deviam viver. Pegaram seu destino com as mãos — *e as responsabilidades das decisões tomadas também. Assim como as consequências.*

Quando tiveram filhos, quiseram se assegurar de que eles não precisariam passar pelo mesmo sufoco por que tinham passado. E foi aí que começaram a repetir um dos aforismos mais característicos: *você vai contar sempre comigo, em qualquer momento ou situação.*

> Na verdade queriam dizer que eles jamais fariam o que seus avós fizeram com eles. Queriam garantir principalmente que não cortariam laços com vocês, ainda que as decisões e escolhas que você e seus irmãos fizessem não correspondessem ou fossem totalmente diversas das que eles próprios sonhavam.

Era isso que os *Boomers* precisavam ter deixado claro: queriam marcar a diferença entre o que ocorrera com eles e o que eles iriam fazer numa situação semelhante.

Só que a vida se encarregou de fazer com que esse propósito tão lindo fosse desvirtuado. E sabe por quê?

Porque seus pais se esqueceram de explicar, e bem explicadinho, o *porquê* dessa frase — como eu acabei de fazer aqui. E isso fez muita diferença em relação ao que sucedeu depois, porque, de forma um tanto esquizofrênica,[20] consideraram que todos, e principalmente os seus filhos, sabiam exatamente a que eles estavam se referindo, quando falavam que estariam ao seu lado. Achavam também, de uma forma nada realista, que os filhos sabiam o tipo de mudanças fundamentais que estavam introduzindo.

Para deixar bem claro: o que desejavam dar aos filhos, e não tinham tido, era fundamentalmente *liberdade para conversar, discutir, dialogar e decidir sobre temas que antes não eram considerados "conversáveis"*. Para os *Boomers*

---

[20] Termo geral da Psiquiatria para designar um tipo de doença que se caracteriza pela dissociação da ação e do pensamento, expressa em uma sintomatologia variada, como delírios persecutórios, alucinações, labilidade afetiva. Aqui, porém, o termo foi utilizado no sentido figurado, para representar a ideia equivocada dos *Boomers* que achavam que seus filhos sabiam com clareza o que eles tinham passado na juventude e também o que pretendiam lhes dar — o que não corresponde ao que realmente ocorria.

qualquer assunto devia ser passível de discussão e troca de ideias, desde que com respeito mútuo, entre pais e filhos; também queriam lhe dar liberdade para a escolha da profissão, da vida afetiva, sexual e social; liberdade para conduzir seu destino, sua vida.

Lindo, não é?

Na prática, isso significava abandonar a expressão que seus avós viviam usando: *Obedeça-me, sou seu pai!*[21]

Substituindo por: *Nós estaremos sempre a seu lado.*[22]

E daí?

Daí que as novas gerações, que receberam todas essas conquistas "de graça", interpretaram como um *direito adquirido* o que a seus pais parecia um precioso e generoso legado, porque o que se teve desde bebê e por toda a vida acaba sendo visto como natural, normal, coisa corriqueira.

Quem recebe a benesse[23] desde que nasceu nem ao menos sabe que o que recebeu é uma dádiva, uma vantagem — sequer cogita que poderia ter sido diferente, caso os pais quisessem. Ainda mais quando a pessoa (que bem pode ser você, leitor, que hoje tem entre 30 e 40

---

[21] Aforismo que a geração dos Veteranos usava bastante com os filhos.
[22] Princípio que a geração *Baby Boomers* adotou em substituição ao aforismo de seus pais (nota anterior).
[23] Segundo o *Dicionário Houaiss*, "benesse é uma vantagem ou lucro que não deriva de esforço ou trabalho; condição favorável; vantagem, ajuda".

anos, mais ou menos) nem sabe que antes era diferente e, mesmo que tenha ouvido falar que era diferente, não viveu a experiência, *não sentiu a diferença*.

Pense nisso:

Você foi criado — desde bebê — numa casa com fogão, geladeira, água encanada, esgoto. Nunca lhe faltou nada em termos de alimentação, roupa, higiene, cuidados. Não lhe parece normal ter tudo isso? Alguma vez você imaginou como seria sua vida se não tivesse tudo isso? Se morasse num local menos privilegiado, em área de risco ou à beira de um rio, que a qualquer chuva transborda, inunda a casa, leva seus móveis, roupas, seu teto, às vezes até seu filho? Quando assiste a essas tragédias reportadas na tevê (acontecem todos os anos, infelizmente), você se coloca no lugar das vítimas? Dá graças a Deus, por tudo o que tem? Ou simplesmente olha, xinga os políticos, se impacienta e espera começar logo a novela, como se nada daquilo fosse com você? É verdade, meu querido, infelizmente grande parte dos que têm muito se irrita com as repetidas desgraças noticiadas e segue adiante, "para ser feliz!". Afinal de contas, é tão normal ter tudo! Tanto quanto existir o dia, a noite, o sol e a lua... E olha que citei apenas a parte material — mais fácil de ser percebida, se faltar. Imagine então se incluíssemos na relação acima estudo em boas escolas particulares, amor, atenção, tratamento carinhoso, respeito às diferenças?

E, se nessa mesma casa em que você tem todas essas *vantagens* (e já nem mais repara que são *vantagens*), além de tudo isso, há também pais que repetem diariamente que estarão ao seu lado sempre, que o apoiam e adivinham seus desejos, que correm para realizá-los e defendem você até do que nem é de fato um perigo? Você, que sempre os viu agir dessa forma, poderia imaginar que o que recebeu deles era tão diferente daquilo que eles próprios tiveram dos pais deles, seus avós?

Acho que não. Não que você seja insensível ou sem compreensão, mas é tendência do ser humano não apenas se acomodar com o que tem, como, geralmente, querer ainda mais. Foi o que aconteceu com vocês, filhos dos *Baby Boomers*.

Quer ver como tenho razão? Suponha que sua mãe veio visitar os netinhos. Qual é a conduta educada (ainda é, embora hoje seja mais raro encontrar) que todos esperam receber? Ser recebido com atenção, cortesia, até com alegria! Talvez um cafezinho não seja nada mal também... Certo? Não é assim que a gente gosta de ser recebido? Então! É o que seus pais esperam receber também — *de você e dos netos*. Não é assim que você e sua família são recebidos na casa deles? No passado recente a preocupação maior da família era com a educação das crianças — não com o que elas queriam —, os pais não sentiam nenhuma pontinha de culpa ao exigir que os filhos fossem polidos. Aliás, você, meu querido leitor, conhece esse termo *polido*? Talvez já tenha utilizado a palavra referindo-se a limpar enfeites de prata ou bronze em sua casa, mas, caso não saiba, também pode se referir a *pessoas educadas* (quer dizer, finas, que receberam trato, lustre, brilho). No sentido educacional, significa dizer que eram pessoas socializadas, isto é, prontas a viver em sociedade. A geração dos seus avós jamais aceitaria a ideia de que *educar* os filhos, exigir que dessem bom-dia, ou que pedissem licença para passar ou falar, seria atitude criticada e apontada alguns anos mais tarde como causadora de problemas em alguma criança... Ou de ser uma atitude repressora, castradora! Pelo contrário, tinham certeza de que se não o fizessem, aí sim, os filhos poderiam vir a ter problemas no trabalho e na sociedade, que os rejeitariam — exatamente por não serem polidos. Portanto, as crianças tinham que aprender a se comportar; e, mais ainda, isso era tarefa dos pais sem tirar nem pôr!

E quer saber? Eles estavam totalmente certos! Eu, pessoalmente, sempre defendi essa ideia (de que ensinar limites e regras educacionais não traumatiza) e ataquei firmemente a linha de psicólogos que, no início dos anos 1970, afirmava categoricamente (e sem provar!) que dar limites e regras podava a liberdade, a criatividade e outras coisas do gênero.[24]

Crianças, na época dos seus pais, também tinham que agradar aos mais velhos (seus avós). Sim, meu querido leitor, por incrível que pareça, há poucas décadas os

---

[24] A esse respeito publiquei o livro *Limites sem trauma*, em 2000, hoje na 92ª edição.

jovens pais queriam muito mostrar — aos pais, amigos, vizinhos, parentes e professores nas escolas — que eles *sabiam* educar. Tinham orgulho disso. Ninguém estava preocupado em atender ao choramingo (ou aos atuais escandalosos chiliques) das crianças. Fazia parte do processo de socialização não aceitar os *ataques de raiva* a que hoje se assiste a três por dois, bastando que não se atenda — e de imediato — ao que as crianças querem.

Talvez você julgue que os adultos da época eram muito exigentes e severos, mas isso jamais impediu que as crianças de então progredissem nos estudos, respeitassem os mais velhos e tivessem gratidão e respeito — e muito — pelo que receberam de seus pais. Por outro lado, tinham de sobra o que falta hoje a muitos pais: *confiança na capacidade de a criança compreender e aprender as regras de convivência social.* O pai de hoje em dia coloca o filho de 1 ano no curso de inglês, aos 6 meses ou 1 ano no máximo tem que aprender a nadar e com menos de 1 ano já usa celular e *tablets*... Então, expliquem-me, pelo amor de Deus: se confiam tanto (e com razão) na estimulação precoce e na capacidade dos filhos de fazerem aprendizagens intelectuais e motoras, por que será que não confiam também que eles têm capacidade para as superimportantes *aprendizagens sociais*?[25]

---

[25] Aprendizagens sociais são aquelas em que se adquire capacidade prática de conviver em grupo, respeitando as regras e a cultura da sociedade em que se está inserido, bem como os bens públicos, que pertencem a todos.

Ninguém no passado recente achava que isso era difícil, muito menos traumatizante para a criança — ou para o adolescente. E essa confiança fazia com que as crianças de fato aprendessem. E aprendiam mesmo! Exatamente pelo mesmo motivo que hoje elas conseguem usar *tablets* e outras tecnologias: porque o ser humano pode aprender tudo o que quiser, *desde que queira*, que esteja motivado e se sinta recompensado por seus esforços. Então, se a vovó vinha visitar, os netos tinham não apenas que cumprimentá-la, mas também pedir a bênção e *fazer sala*, quer dizer, ficar conversando e fazendo companhia a ela.

Outra coisa: as crianças também aprendiam que tinham que responder quando uma pessoa lhes dirigisse a palavra. E de forma clara, audível e educada. Se não estivéssemos com vontade de beijar a mão do vovô ou da titia, isso não era levado em conta, nem era considerado minimamente importante, porque o essencial, o que constituía preocupação para os pais, era que os filhos fossem educados e que tivessem respeito pelos mais velhos, entre outras coisas.

Não havia a preocupação que existe hoje com o que a criança *queria*, e sim com o que ela *devia* fazer. Entre o *querer* e o *dever*, prevalecia sempre o *dever*. E, nesse sentido, seus avós tiveram muito sucesso. Até porque acreditaram muito mais na capacidade de aprender dos filhos do que as gerações que se seguiram.

> *O ser humano é, em grande parte, o que acredita que possa ser.*

Ao acreditarem na capacidade de a criança aprender (especialmente se quem confia é quem dela cuida na infância), tanto do ponto de vista intelectual quanto do social, também ela começa a acreditar na sua capacidade. E essa autoconfiança (também chamada de autoestima) é muitíssimo positiva porque se transforma em motivação, que é, como o nome diz, o que leva a pessoa à ação.

Pessoas autoconfiantes e motivadas tendem a persistir, insistir, tentar, tentar novamente e lutar com as dificuldades — até conseguir seu objetivo.

> *Quanto mais os pais acreditam na capacidade de a criança aprender, mais ela acredita em si própria; quanto mais ela acredita em si, mais se sente capaz de enfrentar desafios e dificuldades; e, quanto mais desafios ela enfrenta, mais aprende.*

E cada nova aprendizagem acaba se constituindo em nova motivação, que acaba levando a mais motivação, que acaba levando a mais aprendizagem. Um *círculo virtuoso* infindável que se autoalimenta!

Para os papais *Boomers*, porém, o dia a dia começou a ficar difícil. Explico: De tanto repetirem aos filhos que lhes dariam apoio irrestrito, depararam-se, surpresos e perplexos, com o inesperado: o que deveria se restringir a escolhas e decisões essenciais da vida subitamente transformou as crianças em reizinhos sem coroa, pessoinhas que contestavam (e continuam contestando nessa novíssima geração!) as coisas mais simples e corriqueiras do dia a dia.

Sim, você, meu querido, e os da sua geração, quase todos, se sentiam tão apoiados, tão seguros, que, muitos, interpretando erradamente e ao pé da letra esse suporte, consideraram que podiam se decidir até mesmo por coisas prejudiciais. Para si e para os demais. Por exemplo: não estudar, não comer legumes e frutas, não dormir — a não ser quando desabavam no chão de sono e cansaço —, não tomar banho, dormir na cama dos pais todos os dias etc. Logicamente, não era esse o plano nem o objetivo dos seus pais. Só que não se lembraram de algo que sempre digo aos pais:

Criança é criança! E decide como criança, portanto.

O que importa a ela é o seu desejo imediato. Não tem condições nem maturidade para tomar decisões fundamentais, amplas ou que envolvam consequências de médio e longo prazos.

O desejo de dar liberdade aos filhos, que você já sabe que era o objetivo maior dos seus pais, fez com que tudo, qualquer regra necessária e simples do dia a dia (por exemplo, almoçar às 11h30 porque a entrada na escola é às 13h), começasse a ser interpretado como *repressão e cerceamento à liberdade.* Aos poucos se tornou quase impossível dizer um simples *não* aos filhos. Até tomar banho virou uma guerra, porque os pais não chamavam mais a criança simplesmente dizendo, "está na hora do banho" como acontecia com eles na infância; para respeitar a liberdade da criança, passaram a perguntar *"quer tomar banho agora, querido?"* E aí até atividades rotineiras tornaram-se escolha — e conflito, é claro, porque qual a criança que quer tomar banho se pode ver tevê?

O foco, que era educar, passou a ser dar total atenção à criança, mas não para que ela se tornasse socializada, e sim para "fazê-la livre e feliz". E é fundamental que você, que está com filhos pequenos agora, compreenda como esta mudança pode ter consequências inoportunas no dia a dia e, pior, consequências graves no futuro. Assim, o que a criança (você, quando pequenino) queria, gostasse, pensasse e desejasse virou prioridade, sob a influência dessa visão deturpada. Para *"dar tudo o que não tiveram"*, começaram a deixar a critério da criança (você quando pequeno) praticamente tudo! Em pouco tempo, a vida virou uma bagunça e, em algumas casas, um verdadeiro inferno! Afinal, qual a criança que quer ir dormir em vez de jogar joguinho no computador? Qual a criança que quer escovar os dentes antes de ir dormir? Qual a criança que quer comer brócolis e não chocolate?

Resultado:

Foi bom para as gerações X e Y terem tido tanta atenção e liberdade para dialogar, definir o que queriam e o que não queriam — *mas isso só é relevante e revolucionário* se estivermos falando de questões fundamentais da vida. Foi positivo. Vocês puderam fazer suas colocações, tiveram liberdade para escolher como queriam ser na vida e o que queriam fazer da vida. E isso não é pouco, em se tratando do indivíduo.

Mas trouxe, como consequência, uma inequívoca exacerbação do ego de boa parte desses jovens criados nessa perspectiva de tanto poder. Entre vocês próprios surgiu até uma expressão engraçada em relação a isso. Dizem uns dos outros: *"Ah, ele se acha"*, ao se referirem a quem se tem em altíssima conta — evidentemente quando o grupo não percebe "baseado em que" se apoia tal narcisismo.

> *Será que era isso que os* Boomers *chamavam de convivência harmônica e igualitária?*
>
> *Não estarão seus filhos mais individualistas, voltados para si e para a sua satisfação pessoal? A capacidade de amar o outro foi de fato ampliada? A empatia é maior hoje? Ou o que cresceu foi o egocentrismo?*

Vamos analisar juntos, você e eu. Observe:

Parte das crianças de hoje se sente à vontade para responder ou não; conversar ou não com visitas, parentes e professores. Adolescentes se negam a conversar simplesmente dizendo aos pais *"não quero falar sobre isso"*, ainda que seja sobre algo errado que fizeram... Sei, claro, *não todos*... Aliás, por isso mesmo está escrito "parte". Sei que não ocorre com todos. Sempre há perigo nas generalizações. Mas que <u>boa parte</u> passou a agir e a pensar assim, não tenho a menor dúvida. Atitude, aliás, comprovada pelo estudo apresentado no livro *Sem padecer no paraíso*, que publiquei em 1991, o primeiro para pais com base em estudo de campo.[26] De lá para cá, as coisas não melhoraram, ao contrário.

Com o tempo, lá pelos 9 ou 10 anos, esses chiliques, gritos e choradeiras vão ficando mais raros, porque *a criança não aprende apenas com a família*. Aprende muito também pela observação e imitação do que vê — em casa e fora de casa. Por volta dos 6 ou 7 anos, por aí, começa a ter consciência do seu entorno. Paulatinamente vai se tornando capaz de comparar sua forma de agir com a dos amiguinhos — em sala de aula ou nos demais grupos sociais que frequenta. E, em se tornando capaz dessa análise, aprende a agir para ser bem aceita pelo grupo, objetivo partilhado pela grande maioria dos seres humanos. A *aceitação* e o *status* no grupo são um diferencial importante. É por isso que muitas crianças que eram verdadeiras *pestinhas* percebem que ser educado

---

[26] *Sem padecer no paraíso: em defesa dos pais ou sobre a tirania dos filhos.* Rio de Janeiro: Record, 1991.

tem lá suas vantagens — uma das quais é essa aceitação pelo grupo — e, portanto, como desejamos ser amados e valorizados, podem ocorrer mudanças inacreditáveis: de repente parecem outras crianças. Quem ainda não se surpreendeu com esse "milagre"? Essa alteração positiva do comportamento poderia até reiterar as ideias psicologizantes[27] a que me referi. Poderia. Se ocorresse com todas as crianças. Aliás, seria uma delícia se tivéssemos certeza de que, com o tempo, mesmo o maior tiranozinho se tornaria um menino agradável e educado. Mas não é com todas as crianças que o tal milagre acontece. Não. É uma loteria... Que pode fazer com que algumas interiorizem o contrário: que ser o "terrível", o valentão, o que agride e é respeitado pelo medo, é mais interessante. Consequência? Essa é, provavelmente, a criança que intimida outras, que pratica *bullying* contra os mais fracos.

Qual é o pai saudável mentalmente que quer jogar o futuro dos seus filhos nessa loteria? Melhor é não arriscar, não acha? Porque as que continuam com comportamento antissocial só tendem a piorar com o tempo. A ponto de, em alguns casos, se tornarem adultos despóticos e agressivos, de difícil convivência — para preconizar o mínimo.

---

[27] *Psicologizar.* Verbo: Fazer especulações de cunho psicológico sem base científica (*Dicionário Houaiss*, 2009).

É o que você deseja que seu filho seja, quando crescer? Claro que não? Então não deixe que as coisas corram frouxas demais em nome de uma pseudoliberdade — por mais que seu filho seja o máximo, lindo, inteligente e tudo o que o amor nos faz ver (ou pensar ver).

Se você não age como educador a tempo (quero dizer, na infância), poderá ter o desprazer de ver que o que foi tornando pouco a pouco as relações com seus filhos conflituosas não tem mais solução.

Uma das fortes razões que levam a isso é exatamente essa liberdade exagerada que acabou suprimindo qualquer nível de hierarquia nas famílias atuais. Ou não acabou, mas inverteu a ordem: hoje há crianças de 4 ou 5 anos que "mandam" nos pais, na casa, na família. É o pequeno tirano a que me referi no subtítulo do livro *Sem padecer no paraíso*.[28] Se não mandam totalmente na infância, podem demonstrar esse descompromisso total com a hierarquia mais tarde, na adolescência ou já adultos, deixando, por exemplo, de falar com os pais, só porque se aborreceram por alguma crítica que lhes fizeram no exercício da função parental, ou até cortando relações de vez, sem medo ou remorso. Pense nisso, portanto, antes de fazer tudo o que seus filhos pedem. Analise se há fundamento no pedido. Parece mentira? Exagero? Leia o depoimento que se segue. É um dos muitos que gravei para este livro... Perdi a conta de quantas vezes

---

[28] Subtítulos: "Em defesa dos pais" ou "Sobre a tirania dos filhos".

mães e pais perplexos pedem ajuda para sanar problemas decorrentes principalmente da falta de autoridade ou da falta de objetivos claros. Pais completamente sem ação diante das coisas mais simples do dia a dia. O pior é que, se não se tem a mínima autoridade com os filhos nas coisas corriqueiras, não se tem também nas primordiais. É tarefa dos pais ajudar os filhos a se definirem, quando for hora, em termos de trabalho, estudos e comportamento — e dentro daquilo que o grupo considera socialmente adequado. Vão se chocar várias e várias vezes ao dia com os quereres dos filhos — exacerbados nos lares onde a voz do prazer é a única ou a mais forte a ser considerada.

"Eu tinha combinado uma visita à casa do nosso filho, para vê-lo e para brincar com nossa neta, que tem 1 ano e meio. Sempre fazíamos isso e ficávamos hora e meia, duas no máximo — para não incomodar. Fazia nem meia hora que nos faláramos pelo telefone — ele já me dissera que deveríamos fazer isso sempre, antes de ir, como se eu ou meu marido já tivéssemos ido sem avisar! Mas, enfim, a gente vai aceitando certas coisas porque sabe que não tem jeito mesmo, né? É isso ou não ver mais... Chegando lá, espanto! Nem ele nem minha nora estavam! Sabiam que íamos e tinham saído! A empregada informou que tinham ido "malhar", a neta estava dormindo, mas que podíamos esperar. Acho que ela ficou com pena da minha cara de tacho e, por isso, completou: não fique triste, eles só levam duas horas no máximo! Fomos embora na hora, claro, mas fui chorando a mais não poder! A empregada

teve muito mais sensibilidade do que eles dois! Duro de aguentar! Nunca pensei que isso aconteceria. Ainda mais que ele é sempre elogiado por todos, e a nora também, pelo jeito educado de ambos. Será que pensam que a gente não sente nada, não espera nada, nem um tico de consideração? Demos tanto amor, atenção, carinho... É muito egoísmo, sair e deixar a gente esperando. Eu jamais faria isso com ninguém e ele sabe disso, tenho certeza!"

(S.T.A., 57 anos, casada, arquiteta, um casal de filhos, duas netas.)

Você, que teve uma educação bem liberal, não pode sequer imaginar como era a relação de seus pais com seus avós. Provavelmente até acha que seus pais não lhe deram toda a liberdade que desejava, mas é porque não faz ideia de *como era antes*! Na verdade, você vivenciou a maior onda de liberdade que a família já registrou!

Agora, continuando: houve outro fator, além dos que já abordamos. Nesse mesmo momento em que a tal mudança se iniciava na família, começavam a surgir progressos tecnológicos que afetaram muitíssimo as relações:

- *A chegada da tevê, no início da década de 1960 nos EUA e no Brasil no finalzinho dela, foi a primeira. E cativou praticamente dez em cada dez habitantes do mundo...*
- *A revolução dos computadores pessoais que rapidamente se tornaram acessíveis a mais e mais pessoas num curto espaço de tempo.*

- *E, na sequência: o telefone celular, a banda larga, depois a conexão à web, a comunicação via satélite, as redes sociais, os jogos eletrônicos em plataformas móveis, além da parafernália de novos brinquedos sofisticados oferecidos a cada hora e minuto!*
- *Mais e mais aparatos eletrônicos, insistentemente oferecidos pela mídia: a cada pequeno aperfeiçoamento, mais sedução e enlouquecimento de crianças e jovens por sua posse! E para total desespero dos pais quando não os podem adquirir.*
- *A notícia em tempo real: a miríade de fatos, negativos ou não, que ocorrem no mundo, a que crianças não tinham acesso, mas começam a ter.*

Dentro de casa não se está mais no sagrado reduto da família, onde os pais definiam o que se podia e o que não se podia fazer, ver ou ouvir, preservando os filhos de modismos, manias, medos, precocidade e antecipação de etapas. São visitas indesejadas, que, ignorando os bons modos, encheram-nos com notícias sobre violência, matanças, corrupções ativa e passiva, roubos, assassinatos, pilhagem, pedofilia, desvios de conduta, de verbas e de atitudes, impunidade, uso e abuso de drogas, além do bombardeio incessante da propaganda de produtos de todos os tipos o tempo todo, mensagens com conteúdos aos quais só se tinha acesso lá pelos 13 anos, quando já se estava na adolescência e, portanto, com mais capacidade crítica, menos influenciáveis do que crianças pequenas, que, por isso mesmo, passaram a ser, nos últimos tempos, o alvo preferencial de um contexto mercadológico e consumista, que se instalou no Ocidente.

Essa chuva constante e impiedosa de modelos, objetivos e condutas, raramente ideais, mudou a cabeça de grande parte dos adultos, gerando novas necessidades e, como não poderia deixar de ser, também mais angústia, competição, individualismo e frustrações — cada vez mais frequentes entre pessoas e grupos.

Insuflou-se a competição, o individualismo e os valores materiais que passaram a ser incensados como gênero de primeira necessidade. E quando são mostrados dessa maneira, e repetidamente, acabam se tornando, para muitos, prioridade mesmo.

Essa busca por *mais não se sabe o quê* contribui para que as pessoas sintam que precisam sempre do que ainda não têm — mas que lhes parece, os outros têm! —, o que acaba gerando jornadas de trabalho mais longas, busca constante por salários maiores ou progresso rápido nas empresas.

Esses objetivos se tornam imperiosos, incomodam, deixam as pessoas eternamente insatisfeitas, porque há a impossibilidade real de que se concretizem com a rapidez que caracteriza as novas gerações. Como não poderia deixar de ser, isso acaba trazendo consequências para a família também, já que os adultos ficam cada vez mais ausentes de casa. E, se estão em casa, estão cansados, ou aflitos, já que a busca permanente por mais e mais é extenuante e ansiolítica.

Para os filhos isso se traduziu em pais ansiosos, esgotados, tendo ou não razão para isso, sem paciência ou que não conseguem sentir prazer em simplesmente *estar com o companheiro e com os filhos*. É preciso sempre "fazer alguma coisa", levar a criança a algum lugar. Se não for possível, porque está chovendo ou o dinheiro acabou, então se torna imperioso usar a tevê ou o joguinho para acalmar a ansiedade da insatisfação que acomete a quase todos hoje.

Se essa situação competitiva e individualista vem conduzindo adultos a desejos e metas sempre renovados, por vezes intangíveis, imagine o que não produz nas crianças, que nesse contexto se iniciam precocemente no culto a valores totalmente diversos dos que a família lhes tentou legar através dos tempos.

As mídias ensinam crianças a agirem como adultos, a argumentarem como adultos e a pensarem *como a mídia quer*. Decorridas mais de quatro décadas dessa revolução silenciosa, quem é adulto hoje foi uma criança que sofreu essas influências e, por isso, é assim também — o que só perpetua e referenda essas necessidades inesgotáveis.

E, assim, o trabalho dos pais que ainda persistem em ensinar valores morais e humanísticos ganhou fortes obstáculos e contestação dentro da própria casa. Porque, veja bem, somaram-se: a liberdade que você teve e provavelmente repassou em grande parte a seus filhos; a dificuldade, na sociedade de consumo, de ter clareza de objetivos, especialmente de objetivos educacionais; e, ainda, a influência forte das mídias, exacerbando sonhos, desejos e fantasias (de filhos e de muitos pais também...).

> *Entende por que seu filho de somente 5 aninhos consegue ser tão renitente? É porque aprendeu desde sempre a desejar mais e mais... E a não perceber os pais como pessoas que apontam caminhos seguros e opções corretas, devido à ação de parte da mídia que deseja perpetuar o consumismo.*

Não se escandalize! Antes tente lembrar ao que assistiu recentemente na televisão. Pelo menos na tevê aberta. Não lhe parece que muitos programas, filmes e até desenhos animados tendem a mostrar, com frequência fora da realidade, situações em que as crianças são maduras e equilibradas, enquanto seus pais e familiares adultos aparecem como pessoas desorientadas, meio loucas e perdidas — e, portanto, não confiáveis? Por que será que essa mudança se deu? Pense!

Respaldadas pelas modernas e eficientes teorias de *marketing*,[29] e visando conquistar novos e mais con-

---

[29] Conjunto de ações, estrategicamente formuladas, que visam influenciar o público quanto a determinada ideia, instituição, marca, pessoa, produto ou serviço, em geral embasadas em pesquisas de mercado e em conhecimentos de psicologia.

sumidores ou clientes, as diversas mídias iniciaram verdadeiras batalhas pela liderança de audiência nas emissoras e agora também na web. Uma luta sutil, porque subliminar e constante, para influenciar o consumidor e impeli-lo a comprar e agir do modo mais conveniente para... vender e implementar vendas! Não importa o que se transmite; importa, isso sim, fidelizar, manter o espectador nesta ou naquela emissora, nesta ou naquela rede social. Todo recurso — ou quase todo — é considerado válido, desde que esse objetivo (vender) seja atingido.

O trabalho dos pais — leia-se dos pais que conseguem compreender e não submergir ao contexto — acaba se tornando mais e mais complexo, mais e mais difícil de concretizar.

E se, além dessas dificuldades, o próprio pai estiver influenciado por elas? E se o próprio pai não conseguir mais distinguir o que é *necessidade real* e *necessidade imposta* pela estratégia cada dia mais requintada da publicidade?

Quando as pessoas leem pouco; quando as pessoas são influenciadas pela ideia de que o que importa é o prazer, é viver a liberdade total e o momento; quando a sociedade não valoriza o saber; enfim, quando todos esses fatores agem em conjunto, torna-se muito mais fácil inculcar ideias de forma não perceptível, assim como mascarar necessidades reais e substituí-las pelas de interesse discutível, e torna-se mais provável modelar comportamentos, atitudes e valores — especialmente quando a maioria nem mais reflete sobre eles. Transformam-se em "verdades" na medida em que, como repetem muitos, *"todo mundo sabe"*, *"todo mundo faz"*, *"então, o que é que tem de mais?"*.

Analise os conceitos indiretamente veiculados através de comerciais, novelas, seriados, filmes ou mesmo entrevistas de formadores de opinião (e que é o que seus filhos estão incorporando, enquanto você está no trabalho — ou quando você permite que assistam a programas inadequados, ou até tarde, porque ficam tão quietinhos e isso facilita a sua vida!).

> *Lazer = prazer*
>
> *Trabalho = obrigação (no sentido negativo)*
>
> *Bens materiais = felicidade*
>
> *Subir na vida a qualquer preço, afinal só se vive uma vez*
>
> *Celebridade, poder, dinheiro = objetivos de vida*
>
> *Liberdade = fazer só o que se tem vontade*
>
> *Limites, regras = autoritarismo*

Muitas pessoas incorporam esses conceitos distorcidos como verdades indiscutíveis, e passam a vida buscando concretizá-los. Será sempre em vão! Saem de um emprego, mesmo que não tenham outro, à mais leve crítica, considerando-se injustiçadas, incompreendidas e, principalmente, *humilhadas* (termo muito usado especialmente quando são criticadas) porque seu chefe ou coordenador considerou um trabalho incompleto ou carecendo de revisão; desfazem relacionamentos ótimos, porque tiveram um desentendimento superável, só porque suas ideias não prevaleceram.

E, no entanto, nada — nem trabalho, nem relacionamento, nem amizades ou amores, por melhores e mais incríveis que sejam — tem apenas aspectos positivos. Afinal, somos imperfeitos, então é de se esperar que não sejamos sempre maravilhosos, incríveis, lindos, bem-humorados. Algum conflito ou aborrecimento sempre pode ocorrer (e ocorre) qualquer que seja a profissão, relação afetiva ou decisões. Sartre repetia, com razão, que toda opção envolve perdas. E é a mais pura verdade. Qualquer escolha que fazemos, por mais simples que seja, implica abandonar as demais opções. Se escolhermos a saia vermelha, e não a preta ou a azul-marinho, nunca saberemos se teríamos gostado mais das outras duas. Mas é só uma saia, tudo bem. E se for o companheiro? E se for um emprego? Além disso, mesmo quando escolhemos acertadamente profissão, companheiros, atividade de lazer, ainda assim, e mesmo nas mais prazerosas atividades, sempre haverá situações de monotonia, desentendimento, rotina ou incompreensão. Até o mais apaixonado e harmônico dos casais tem suas divergências. Mas, para quem acreditou ser possível ter *só prazeres e felicidade em tudo e sempre*, a decepção pode ser muito grande. Para alguns, pode ser insuportável.

Agregue a isso tudo o fato de que foi a mulher da geração *Boomers* que batalhou para se profissionalizar verdadeiramente. E muitas delas priorizaram a profissão; na verdade, precisaram priorizar para provar que podiam realizar tanto quanto os homens. Por isso, pela primeira vez a mulher não pensou no compromisso "cuidar da casa, do marido e dos filhos" como a atividade mais importante da vida, optando pela carreira e deixando os filhos para depois. E, em decorrência dessa luta e dessa mudança, também pela primeira vez a ausência da mãe se somou à do pai no horário regular de trabalho diário — ambos os genitores ausentes de casa quase todo o dia pela primeira vez na história. Lembre-se: estamos falando dos anos 1960 e 1970.

Nesse contexto e no que se seguiu até 2014, a tevê, presente em 99,9% dos lares, os inebriantes jogos eletrônicos, os computadores e mais recentemente os *tablets* e as redes sociais começam a ocupar todos os espaços vazios deixados pela ausência paterna.

Sem os pais em casa — quer dizer, sem as figuras de autoridade — constatou-se, segundo pesquisa do Ibope,[30] que as crianças brasileiras assistem diariamente em média a

---
[30] Ibope — Retrato, 1997.

3h57min de televisão. E esse dado é de 1997... Calcule hoje, se somarmos os outros aparelhos que apareceram depois.

> **MÉDIA DIÁRIA DE USO DA TV**
>
> **NO BRASIL POR CRIANÇAS**
>
> *Geral* 3h57min
>
> *Por horas diárias:*
>
> *92% por 1h*
>
> *76% mais de 2h*
>
> *29% entre 3 e 5h*
>
> *29% mais de 5h*
>
> *13% mais de 8h*

Com liberdade para decidir, numa fase em que geralmente ainda se é imaturo, imediatista e sem visão de longo prazo, houve quem fizesse bobagem: muitos se formaram, mas não trabalham no que escolheram; outros faziam e fazem cursos e mais cursos, sempre buscando a profissão "ideal" — a dos sonhos. Também há os que a qualquer contrariedade abandonam empregos bons, porque não toleram ser contrariados. E assim vão jogando seus melhores anos de vida produtiva no lixo, sem considerar o tempo, o dinheiro e a paciência (dos pais, é claro).

"Meu filho parou de estudar depois que acabou o Ensino Fundamental. Tentei de tudo para convencê-lo a fazer o Ensino Médio, mas não consegui. Ele não quis. Não concordou de jeito nenhum. Vivo preocupado, sou separado, não ganho muito, sou professor e fico meio desesperado, porque agora ele nem estuda, nem trabalha, vive enfurnado no quarto, fuma, bebe pra caramba. Acho até que usa outras coisas, não sei, ele não gosta que eu toque nesse assunto... Se eu tento falar disso, ele tem um ataque, me manda sair do quarto dele. Fica dias de cara amarrada. Já aluguei um apê pra ele, porque estava difícil conviver, com mesada e tudo, mas ele voltou três meses depois e me disse que não queria ter que se preocupar com pagar contas... E olha que era com o dinheiro da mesada que eu dou e do cartão que eu pago! Quando tento conversar sobre estudos, ele diz que não encontrou nenhuma profissão que o atraísse. Sair ele sai, mas em geral só à noite, vai a boates, tem alguns amigos, mas vejo o tempo passar, e já fez 19 anos! Tentei arranjar emprego pra ele, até consegui com amigos duas vezes, mas ele na hora agá disse que não ia, porque o salário era ridículo! O que ele esperava não sei, só tem o Fundamental... Só sei que estou ficando louco e não sei como sair dessa."

(J.C.M.S., professor de Matemática, 58 anos, separado, um filho.)

Viu só? É um problema para o resto da vida! Seu filho está começando a vida agora. Se não quer que o depoimento acima se torne o seu, pense nisso: Há hoje, no Brasil e em outros países também, jovens que, de tanto mimo e superproteção, acham sempre razões para não se definirem na vida. Cresceram ouvindo uma frase que sempre ouço e me causa espécie, por ser completamente equivocada do ponto de vista da História da Educação: *"Hoje em dia os adolescentes têm que escolher a carreira tão cedo, tadinhos! Não dá para saber tão cedo o que se quer na vida!"*

Quem é que fez essa conta, hem? É o que pergunto sempre. Os que têm hoje em torno de 50, 60 anos fizeram a escolha muito mais cedo, sabia disso? As escolhas dos *Boomers*, por exemplo, tinham que ser feitas ao final do *ginásio* (9ª série de hoje), quando se tinha que optar entre Científico e Clássico. A primeira opção era para os que pensavam seguir carreiras ligadas às ciências exatas, o que significava deixar de lado todas as matérias ligadas a línguas, história, geografia, artes, música etc. Ou vice-versa. E isso aos 14 anos! Na época, isso tornava quase impossível voltar atrás, a não ser repetindo todo o Ensino Médio para fazer as disciplinas do outro ramo do conhecimento. Não era bem pior?

Mas, vocês, os filhos, se convenceram de que *teriam sempre tempo*. Volto a repetir: sempre há exceções, em todas as regras. Mas muitos compreenderam, pela atitude de seus permissivos e compreensivos pais, que podiam deixar para depois escolhas e definições — ou, caso escolhessem, poderiam voltar atrás e ficar outros tantos anos se habilitando a gostar de outra coisa. Você leu o depoimento, não leu? Outros deixaram para depois, e mais depois, porque não compreenderam que não era isso que seus generosos pais queriam. Ainda assim, compungidos, mas coerentes com suas ideias, continuaram bancando contas, compras, casa, comida... Por que pensar ou assumir tanta coisa "chata"? Deixa para depois!

Está vendo o que pode ocorrer no *seu futuro*?

É bom que pense, querido leitor, porque seus filhos estão crescendo num contexto muito parecido ao que você viveu na infância. Sabe do que estou falando, não? Na geração de adultos jovens de hoje, no Brasil, comprova-se o que previ em meu livro *Encurtando a adolescência:* temos atualmente um grande grupo de jovens que não estudam, nem trabalham. A *Geração Nem-Nem* (nem estuda, nem trabalha) — que tristeza! Dados recentes do IBGE, baseados na PNAD 2012,[31] mostram que o número de jovens de 15 a 29 anos que não estudavam nem trabalhavam chegou a 9,6 milhões. Esse número — que representa 19,6% da população desta faixa etária — é maior do que a população do Estado de Pernambuco, que, de acordo com o Censo 2010, era de 8,7 milhões de pessoas!

Mas o tempo é implacável. Aos poucos, porém, lá pelos 35, 40 anos, o que de início parecia "boa vida" (e de certa

---

[31] Instituto Brasileiro de Geografia e Estatística.

forma era mesmo), com os pais já velhos e ainda catando meias e cuecas pelo chão da casa, até isso vai perdendo a graça. Afinal, olhando a sua volta, os *Nem-Nem* veem os amigos progredindo, atarefados, realizados, *e sem tempo para quem tem tempo todo o tempo*... E, então, começa a angústia dos anos irrecuperáveis, o vazio, a incerteza pelo futuro: *o que estou fazendo da minha vida?*[32]

Quando esse momento chega, *a ficha cai*: tornam-se ansiosos, arredios; sentem-se inúteis, começam a achar tudo aborrecido, cansativo, monótono, sem graça.

E como ir adiante sem um projeto a realizar?

Como você está vendo, ao contrário do que parece, jovens criados dessa forma são frágeis, acostumados a sempre ter o ombro do papai ou da mamãe para resolver tudo. Esperam que professores, autoridades, chefes, amigos, namorados e amantes lhes façam todas as vontades e vivam de acordo com o que eles gostam ou pensam. Em suma, não amadurecem para a vida (os filhos-canguru).[33]

Há os que, diante do fato de o mundo não se curvar ao que desejam, acabam inadaptados à vida, ao trabalho,

---

[32] A Organização Internacional do Trabalho (OIT) apontou em 2014, entre as tendências globais de empregabilidade, o aumento dos jovens "Nem-Nem", ou, na sigla internacional, os NEET (*neither in employment, nor in education or training*) — aqueles que não participam do mercado de trabalho e tampouco estão ampliando sua formação e qualificação.

[33] A esse respeito sugiro a leitura do livro *Encurtando a adolescência*, lançado pela Editora Record e atualmente em sua 12ª edição, no qual tratei do fenômeno citado anteriormente.

aos relacionamentos e podem derivar para a depressão, a marginalização (uso e abuso de drogas, alcoolismo, roubo, assalto ou outras formas de marginalidade) ou, também muito grave, se tornam indivíduos desadaptados no círculo social e até mesmo no mundo.

Não é à toa que os índices de suicídio entre jovens vêm crescendo assustadoramente, inclusive nos países de Primeiro Mundo. Uma das causas é, sem dúvida, essa falta de projeto, relacionada à falta de limites e de perspectivas de vida.

Um estudo apresentado por Bertolote e colaboradores em 2005, na *Revista Brasileira de Psiquiatria*, revelou um aumento de dez vezes nos casos de suicídio em jovens de 14 a 24 anos, entre os anos de 1980 e 2000 (mapa em anexo, ao final do livro, à página 281). Considerando apenas os homens, o mesmo estudo aponta incremento de vinte vezes! Até então a incidência de suicídio era primordialmente encontrada em idosos.

Desde o meu primeiro estudo sobre a família na sociedade moderna,[34] ficou claro para mim que a forma pela qual os pais a partir dos anos 1970 agiam com os filhos, buscando satisfazer seus mínimos desejos imediatamente, abriria espaço para que crescessem com a expectativa equivocada de que cada desejo tem que *obrigatoriamente* se realizar — e rápido!

---
[34] Publicado no livro *Sem padecer no paraíso*. Rio de Janeiro: Record, 1991.

Na adolescência e na juventude essas esperanças, que ao longo da infância eram rapidamente atendidas pelos pais, começam a não se concretizar, porque não se trata mais de comprar bugigangas ou brinquedos, e sim de satisfazer desejos mais sofisticados, muitas vezes não tangíveis com dinheiro. Por exemplo: conquistar a garota dos sonhos ou namorar o rapaz que se destaca no grupo; passar no exame vestibular; ter prestígio com os amigos; ser convidado para todas as festas e reuniões. Coisas que não se compram...

O jovem, então e pela primeira vez, se defronta com uma realidade para a qual não foi preparado. Quem tem estrutura mais forte suporta o "tranco", mas os menos capazes emocionalmente se desestabilizam, podendo se deprimir diante de uma realidade para a qual não se prepararam. Acabam deprimidos, tentam ou praticam suicídio, engrossando as estatísticas tristes, porque não conseguem superar dificuldades que, em outras circunstâncias, seriam vistas como *naturais da vida.*

Você não quer isso para seus filhos, quer?

E, ainda que parte dos jovens criados dessa forma não apresentem sequelas tão graves como depressão e suicídio, se a criança cresce num ambiente em que todos só a aplaudem, nada dela exigem e sempre lhe passam a mão na cabeça, *esteja ela com razão ou não*, essa criança tem altas chances de se tornar cheia de quereres, amuos, caras feias e ataques semi-histéricos. Talvez se torne incapaz de uma autoavaliação correta. De pensar e verificar que está agindo de forma incoerente, por exemplo. Ou que está sendo injusta. Para dizer o mínimo: uma pessoinha desagradável de se conviver! Leia esse trecho de depoimento:

> "Já fiz viagens levando minha filha, que é separada, e meu neto. Meu marido e eu custeamos tudo. Então, por uma questão de justiça, resolvi viajar com o meu filho, nora e os filhos dele. A minha filha, quando soube, fez uma tremenda cena, porque queria ir também, dizendo que eu não podia deixar de levá-la e ao filho etc. etc. Ponderei que nós já os tínhamos levado, agora era a vez do irmão, e então ela me acusou, com toda a convicção, de termos sido nós, meu marido e eu, que a acostumamos a viajar e, por isso, tínhamos que levá-la nessa viagem também... Como se fosse uma coisa ruim, entende? Não o que pensávamos: que estávamos dando um prêmio, um presentão, uma coisa boa. Um raciocínio que me espantou... Pensava que dar a eles essas viagens, depois de adultos e independentes, os faria felizes; pensava que nos agradeceriam pelo que estávamos proporcionando. Jamais que me cobrariam até isso, e de forma tão radical, como se fosse minha obrigação dar viagens e mordomias depois de adultos!"

(B.M.R., casada, aposentada, 58 anos, um casal de filhos, três netos.)

Repare como não é raro, hoje, encontrarmos adultos (com mais de 50 anos) totalmente perplexos com a forma pela qual são tratados por netos, filhos e adultos jovens em geral; repare também como é frequente professores serem agredidos nas salas de aula; e tente lembrar também como agressões acontecem por simples esbarrões sem intenção. No magistério, em função do crescente desrespeito dos alunos, cresce o número dos profissionais que abandonam a profissão. De outro lado, filhos agridem, enganam — e até matam — pais, avós e familiares para atender aos seus anseios por dinheiro, consumo, facilidades e... Pouco esforço.

Um legado inimaginável, porque oposto ao projeto que os *Boomers* empreenderam com tanto amor e idealismo.

Transcrevo a seguir um trecho do depoimento de uma vovó que entrevistei para o estudo. Leve em consideração o fato de que ela, muito ativa e participativa, embora já tivesse criado seus próprios filhos e ainda trabalhasse fora. assumira, a pedido da filha, o compromisso de ficar com a neta *todos os dias pela manhã*, simplesmente porque a filha não confia em nenhuma babá ou empregada. Evidentemente ficar, diariamente, com uma criança de 2 anos, demanda um mínimo de autoridade; caso contrário, como se responsabilizar? Como evitar perigos, machucados etc., se a criança se negar a obedecer e achar que pode fazer tudo o que quiser? Mas, na atual geração de pais, o grande problema parece ser esse.

Ou os pais não acreditam que a criança é capaz de aprender a controlar impulsos e a respeitar o outro, ou acham cansativo ensinar e vão deixando "rolar" — especialmente se não é em relação a eles o desrespeito. Seria, então, "a vovó que aguente"?

Parecem preferir acreditar que o filho nunca erra, ainda que seja a vovó, o vovô, o professor ou quem cuida da criança na sua ausência quem está lhes dizendo que a criança agiu de forma inadequada.

Há pais que demonstram claramente pouca disposição para repetir e orientar os filhos, porque é realmente uma atividade desgastante, embora essencial; parecem considerar mais fácil ceder e "viver em paz hoje", sem considerar os efeitos que podem advir depois.

E há os pais que deixam seus filhos darem vazão a todos os impulsos, mesmo negativos — porque eles próprios não acreditam que todos têm direitos iguais aos deles e dos seus filhos.

Enfim, há pais que não pensaram ainda em qual é realmente o seu papel e, com isso, fazem com que os filhos eternizem comportamentos antissociais, aceitáveis numa criança de 2 ou 3 anos, mas incompreensíveis nas de 6 ou 7.

Você, que está criando seu filhinho hoje, precisa saber que, bem orientada, toda criança tem total capacidade de superar o descontrole emocional dos primeiros anos de vida (perfeitamente normais), que pode sumir rapidinho se os pais trabalharem adequadamente.

Leia o depoimento abaixo com atenção; pense se é isso que você quer ver seu filhinho fazer quando crescer.

E pense também se é isso que sua mãe, sua sogra ou quem quer que esteja tomando conta de seu filho *merecem receber:*

"Fico com minha netinha todos os dias. Minha filha tem excelentes condições financeiras, muito melhor do que a minha, graças a Deus por isso. Mas não quer ter babá. Não confia em ninguém; tem empregada e tudo, mas sempre me pede ajuda. Sou separada, não tenho condição financeira boa, então continuo trabalhando, embora tenha mais de 50; trabalho oito horas por dia. Meus dois filhos estão casados, moram em suas casas; e eu casei novamente, mas tenho que continuar trabalhando, porque nunca se sabe o dia de amanhã. Busco na escola e levo para casa depois todos os dias. Ontem, pela primeira vez, tive que dar uma palmadinha na perna da minha neta. Foi a primeira vez na minha vida, mas não tive opção. Espero que seja a última, mas não sei realmente se será... Eu estava no supermercado, minha filha pediu para eu ir junto. Fiquei aguardando ela pagar a conta, com a minha netinha no colo, porque ela não estava dando

sossego à mãe para fazer o pagamento; aí eu a peguei no colo, mas ela queria ir ter com a mãe de qualquer maneira; expliquei que não podia ir agora, mas que logo ela chegaria e então iria para o colo dela, consolei, tentei distrair etc. Então, para minha surpresa, ela me deu uma mordida na lateral do meu rosto, com toda força.. Pensei que ia arrancar um pedaço, porque de fato ela trincou para valer, está até marcado, pode ver aqui... Tive que gritar para ela soltar, e aí, em seguida, ela tentou dar outra... Não tive opção: dei um tapinha na perninha dela para que entendesse e parasse. Claro, começou a chorar alto. Minha filha nesse momento já estava voltando, e eu imediatamente a coloquei a par do que ocorrera, inclusive mostrando o local da mordida que estava bem vermelho, machucado mesmo. Ela nada disse, não repreendeu a menina (3 anos e meio), mas fez uma expressão que me mostrou claramente que não gostara. Fiquei consternada, ainda mais que ela pareceu achar que eu é que estava errada... Será que ela queria que a filha tirasse um pedaço do meu rosto e eu ficasse calada sem fazer nada e deixasse? Foi o que me pareceu... Fiquei tão triste, mas disse a ela que filho meu nunca me mordera, e que não seriam meus netos que iriam fazer isso. Nem assim ela disse nada, mas me olhou bem zangada; e não chamou a atenção da minha neta; não disse uma palavra — como se fosse natural me morder e eu tivesse que aguentar sem fazer nada!"

(B.S.N., divorciada, dois filhos, três netos.)

O que ocorre é que muitos avós — que até adorariam ajudar mais na criação dos netos — acabam se recolhendo e diminuindo a participação, porque não conseguem lidar com crianças que não obedecem, fogem, gritam e não os respeitam. Ficam com medo de que aconteça alguma coisa mais grave, já que se sentem tolhidos pela atitude dos filhos que não só não os apoiam como dão razão aos filhos em tudo, deixando em sérias dificuldades quem assume a responsabilidade de cuidar das crianças, seja da família, ou alguém contratado. Por isso muitos acabam decidindo ser apenas "visitas". Assim, quando começa algum chilique é só pegar a bolsa e... Tchau!

Alguns vão dizer que a avó não poderia ter batido; outros ficarão revoltados porque a filha defendeu a criança; outros ponderarão outra coisa. Mas o que pode realmente contribuir para as novas gerações (os seus filhos) crescerem sadias — e esse é sempre o meu propósito — é analisar os fatos aqui relatados — todos verídicos — para que as distorções, caso existam, possam ser corrigidas.

> *Aqui o que interessa não é julgar ninguém, e sim propiciar oportunidade para pensar e, talvez, aprender a partir daí.*

Fato é que os pais a partir de um determinado momento começaram a relativizar tudo o que os filhos faziam em função da liberdade. Sem tanto exagero, talvez as coisas tivessem caminhado bem. Mas, como tudo foi absurdamente exagerado, caiu-se no extremo oposto. As relações não se flexibilizaram de forma alguma. O que aconteceu foi que "o poder" — se podemos falar assim — que antes era dos pais passou para os filhos — e, hoje, duas gerações depois, isso ainda está acontecendo e cada vez mais cedo!

Cá entre nós: você acha — agora que é pai — que uma criança de 2 ou 3 anos, mesmo aos 7 ou 10, está em condições de *dar ordens*? De definir o seu próprio destino? Mesmo que esta decisão seja o que comer ou não no almoço, ir ou não à escola, dormir ou não na hora apropriada para o desenvolvimento sadio? Será que a lei que define, no Brasil e no mundo, o menor de idade como "incapaz" está equivocada? Se não está, como explicar tanta discussão sobre a idade mais adequada à imputabilidade? Se, no Brasil, até 18 anos (em outros países é mais cedo, veja no mapa[35]) um jovem não pode ser responsabilizado por seus atos, como define o Estatuto da Criança e do Adolescente, como se pode sequer cogitar de deixar que, na nossa casa, as decisões sejam tomadas por quem tem 6 ou 10 anos?

Os filhos mais velhos dos *Baby Boomers* (batizados de Geração X[36]) e os que vieram um pouco mais tarde

---

[35] O mapa da maioridade penal no mundo pode ser consultado no Anexo 3, ao final do livro.
[36] Também chamada de Geração Competitiva, é composta por quem nasceu entre 1964 e 1980 aproximadamente. No Brasil constituem cerca de 21 milhões de pessoas, segundo dados do IBOPE, em 2009.

(Geração Y[37]) receberam essa liberdade toda como se fosse assim desde a criação do mundo, para surpresa de seus pais. E sabe por quê?

Porque *o mundo sempre foi assim para eles*. E você é um deles, não é? Já conheceram o mundo assim. Com espaço para chorar, gritar, espernear, querer isso e depois aquilo, e depois outra coisa ainda... Aliás, e a bem da verdade, muitos nem mesmo sabem que havia outra forma de se relacionar com os pais bem pouquinho antes... E quem tentou lhes explicar essa mudança não foi nem ouvido... Sabe por quê? Porque essa mudança trouxe como desdobramento, entre outras coisas, o direito de os filhos decidirem o que querem ouvir e o que não querem! Assim como produziu pessoas acostumadas a olhar muito para si e bem pouco para os outros. Mesmo que esse "outro" seja o seu pai ou a sua mãe!

Porque, meu querido, você não vivenciou o que os seus pais viveram. Não compreende nem sente o que os oprimia. Daí que, sem sentir na própria pele, não encara *como benesse essa nova forma de se relacionar* — mas como um *direito*.

E aquela outra frase que seus pais lhe diziam *("Estaremos sempre a seu lado")* também foi encarada como coisa normal do dia a dia.

Os *Boomers* repetiam q*uero dar a meus filhos tudo o que não tive!* Nem de longe podiam supor que deveriam

---

[37] Jovens que nasceram entre 1980 e 1995, mais ou menos. Também conhecida como geração *Next* ou *Net*, já nasceram na época da internet banda larga e outros progressos tecnológicos.

ter explicado melhor, com mais clareza, o que era esse "tudo". Também nem em sonhos acharam que deveriam deixar bem explicado *em que* e *como* essa liberdade seria utilizada. Imaginavam que vocês saberiam, porque eles sabiam. Mas não... Foi um grande engano!

Vocês, que não conheceram repressão, hierarquia dura, medo de dizer o que sentiam ou desejavam, e que tiveram com seus pais uma relação informal e amigável, nem supuseram que tivesse existido nada de diferente entre pais e filhos. Na verdade, nem tomaram consciência de que as coisas haviam mudado, e muito menos que haviam mudado *devido à luta de seus pais*. Portanto, não se sentiram gratos, nem "devedores". Absolutamente.

E tem mais: a certeza, repetida e repetida, de que seus pais estariam sempre a postos para tomar seu partido, para ficar a seu lado, defendendo e apoiando suas atitudes, iniciativas e decisões, foi decodificada como *"posso fazer tudo o que eu quiser"!* Não lhes passou jamais pela cabeça que num passado muito, muito recente pais deserdavam filhos, expulsavam de casa, cortavam laços e contatos sem retorno, bastando que se desviassem um pouco da rota traçada. Parece exagero? Pois, não é...

Claro, ninguém lhes deu um "cursinho" antes de conceder liberdade, explicitando até onde ir. Simplesmente deram. E assim vocês conheceram um mundo com muitos direitos, com pais sempre dispostos a ouvi-los, aceitá-los e protegê-los. E... Elogiá-los!

Infelizmente, isso levou a que muitos jovens achassem que sabiam tudo, que podiam decidir tudo em função do seu próprio "querer" e "competência". Sim, vocês tiveram seus egos inflados, desculpe-me, querido, mas é verdade. Inflados dia a dia, porque grande parte dos pais temia — como você deve temer hoje em relação ao seu filho — baixar a autoestima da criança, se lhe fizesse quaisquer críticas. E tome elogio no café, no almoço, no jantar... E antes de dormir também! Situação completamente diversa daquela que ocorria poucas décadas atrás. Seus pais e avós decidiam sempre em função do "dever", do que "tinha" que ser feito. As mudanças levaram a que da geração do *dever* se passasse à do *prazer* — e à dos *egos agigantados*. E muitos pais amargam sérios dissabores até hoje, por conta disso:

> *Em algumas famílias, os filhos não estudaram, mesmo tendo recursos e possibilidades.*

> *Em outras, não trabalham até hoje, mesmo estando com 30, 35 anos nas costas!*

Isso ocorreu porque parte dos filhos dos *Boomers*, usando a prerrogativa da liberdade que os pais lhes concederam — e da imaturidade natural da idade —, nada fizeram de produtivo. Decidiram-se pelo prazer. Então, toca a passear, se divertir, dormir até tarde, sem ter hora para nada — nem limites. Não é o caso de todos, veja bem, mas de muitos. E há que considerar também a ampla variação de intensidade desse comportamento. Sim, nessa forma de se autoperceber com o querer se inflando, surgiram os que se sentem simplesmente *"o suprassumo do bom"* (tenham ou não motivo para isso) e se acham maravilhosos. E há os que não toleram que ninguém aponte suas dificuldades, erros, defeitos — seja lá que nome se dê a isso.

Muitos se imobilizam e ficam esperando que surja, um belo dia, a definição do que fazer da vida. Como se fosse uma coisa mística, algo que apareceria num passe de mágica. Além do mais, para que pressa, quando se tem um pai e uma mãe para prover tudo?

Muitos aliaram a essa atitude descompromissada com os pais e com a vida também a liberdade sexual irresponsável — que não era o que os *Boomers* defendiam quando lutavam pelos direitos da mulher, absolutamente! Mas seus jovens filhos, deslumbrados com as possibilidades infinitas, partiram para relacionamentos livres, inconstantes e sem cuidados — mesmo já existindo variados e eficientes métodos contraceptivos.

Assim, muitos conceberam — sem nem ao menos analisar ou pensar se tinham condições concretas para ter filhos. Só deixaram se guiar pelo prazer dos encontros. Uma verdadeira loucura se pensarmos nas doenças sexualmente transmissíveis!

Para que se preocupar, não é mesmo? Subliminarmente devia soar em sua memória a frase:

"Estarei a seu lado sempre, meu filho!"

Então para que usar camisinha ou pílula — se é mais prazeroso sem? Essa forma de agir denota que havia a certeza de que bastaria trazer (como continuam trazendo) o/a netinho/a, nascido/a sem planejamento nem responsabilidade, para os avós criarem, ora o que mais? No mínimo, para dar suporte financeiro e outros tipos de ajuda — sem o menor constrangimento. *Afinal, vocês estão ou não do nosso lado?* — perguntam aos boquiabertos novos-vovós, que jamais poderiam ter suposto que seria essa uma das consequências da liberdade que deram aos filhos.

Há também, não podemos nos esquecer, os que estudaram e até se formaram — mas "não se encontraram"; há também os que ainda estão em busca de um emprego *digno o suficiente* para uma pessoa tão, tão... Especial? Ando meio desconfiada de que, com tanta proteção e poucos limites, os *Boomers* criaram, ainda que não propositalmente, uma geração *"que se acha"*...

Desculpe-me, caro leitor, mas será que vocês são mesmo tudo isso que julgam ser? Será que são *mesmo tão* competentes e especiais como se julgam? Os inúmeros estudos[38]

---

[38] MARTINELLI, Dante P.; ALMEIDA, Ana Paula de. *Negociação e solução de conflitos*. São Paulo: Atlas, 1998; Revista *HSM Management*. Dossiê: Quatro gerações em choque: como converter a diversidade em vantagem. Número 74, ano 13, volume 3, maio/junho 2009.

sobre as características das gerações X e Y apontam para grandes e progressivos conflitos nas empresas. É só entrar numa livraria que você comprovará o que estou dizendo: são dezenas de publicações sobre o novo e inesperado modo de se comportar dos jovens profissionais. Atitudes de não aceitação da autoridade — seja ela hierárquica ou de competência — de colegas, chefes e coordenadores vêm surpreendendo e causando conflitos em escritórios, fábricas, consultórios, empresas de setor terciário, no comércio. Em todos os lugares, portanto.

São pessoas que mudam de emprego e se demitem sem pestanejar ou pensar duas vezes, basta uma coisa desagradar, algo as aborrecer, se julgarem injustiçadas, *humilhadas*.[39] São pessoas (embora com exceções, evidentemente) que têm baixa tolerância a frustrações e pouca capacidade de persistir na busca de objetivos. A média de permanência numa empresa, que era de quarenta anos entre os Veteranos e entre os *Boomers*, é hoje de oito anos na geração Y, por exemplo.

> *Agora você decidiu rasgar o livro de vez! Não, querido, não faça isso, não me odeie, acredite em mim! Sei que é duro ler isso, mas estou falando para o pai que você é hoje; suporte esse sentimento desagradável mais um*

---

[39] O termo vem sendo crescentemente utilizado pelos adultos jovens, quando recebem quaisquer tipos de críticas, tenham fundamento ou não, partam de quem for: chefes, amigos, maridos ou esposas, pais.

pouquinho só e adquira saberes que evitarão que passe com seu filho o que vêm passando muitos pais que estão agora com 65, 70 anos.

Posso progredir mais um pouquinho, então?

Sim, vocês querem chegar ao topo logo, não convivem bem com chefes, coordenadores ou superiores hierárquicos mandando em vocês. Têm dificuldades para aceitar a ideia de que *experiência* tem realmente valor. Pensam sempre que quem não os promove rapidinho não tem noção do quanto vocês são incríveis e maravilhosos... Então, volta e meia, chegam em casa já autodemitidos. Afinal, se houver algum problema (tipo contas a pagar ou outro qualquer), sabem que têm a generosa proteção dos tolerantes e protetores *Boomers*.

Sim, vocês são capazes de deixar um bom emprego, ou pelo menos deixar claramente manifestada sua revolta se uma leve crítica lhes é dirigida. Não lhes passa pela cabeça que talvez, de fato, o chefe possa ter razão às vezes...

Também são capazes de romper com seus próprios pais se eles não fizerem o que vocês esperam deles... Ou pelo menos "ficar de mal". Ou dar um chilique, como quando era um garotinho.

E olhe, querido, mais uma vez reafirmo: não estou dizendo que são todos, veja bem. Mas há uma marca, um diferencial na geração, com certeza isso há.

Sim, talvez não tenham culpa de terem ficado assim tão... como direi, "tão se achando". De fato. Mas culpar seus papais *Boomers* também não resolve nada. E saiba que eles estão pagando um alto preço por tanto amor... Já pensou nisso? Deixaram tanto espaço para vocês demonstrarem e realizarem seus sonhos, sentimentos e desejos, que poucos têm coragem de dizer aos filhos, por sua vez, como estão se sentindo agora! E muitos continuam na função de pais provedores; e talvez tenham que continuar assim pelo resto de suas vidas...

> Agora: *você* pode escolher esse futuro para ser também o seu — ou não! Ou pode mudar isso, se lançar um olhar menos egocentrado na sua relação com eles!

Ainda há os que, com cerca de 40 anos, continuam vivendo à custa de mesada dos pais! E há também aqueles que estão se preparando para fazer o mesmo. Não é sensacionalismo, nem drama: o número de jovens adultos nessa condição só vem crescendo.[40]

"Todos me devem alguma coisa, ninguém é como eu!" Parecem pensar. E não poucos terminam inconformados com o trabalho, a sociedade, a família e os amigos — que sempre consideram que não são tão legais quanto ele.

Seus pressupostos foram erigidos a partir do que receberam na infância, em suas vidas superprotegidas;

---

[40] Dados do IBGE 2012: 24% dos jovens de 25 a 34 anos ainda vivem com os pais, percentual que aumentou 4% no período entre 2002 e 2012 (dez anos).

espelharam-se no que receberam em suas casas: tudo! E, como não podia deixar de ser, levam para a vida adulta a mesma visão: *eu tenho direito a..., eu quero atenção e aplausos a cada pequena tarefa que realizo!*

Esperavam *e esperam ainda* que o mundo seja como era a sua casa, os seus pais e familiares. Desejavam — e ainda desejam — ser mimados pelo mundo e protegidos por todos, da mesma forma que seus pais fizeram. Pensam que a vida será assim também. Quando descobrem que não, o tombo pode ser grande...

Qualquer problema — pequeno ou grande — os faz apelar para os pais, se os têm ainda. Quem se separa, após uma união que termina (e hoje são muitas), volta com naturalidade, armas e bagagens — netos inclusive — para a casa da mamãe e do papai (claro, se eles ainda estão juntos). *Perdeu o emprego? Toca para a casa do papai, lá não tenho contas a pagar.* Afinal, para que existem os pais? Não, não acho que os pais não devam ajudar. Claro que o farão, do jeito que conseguirem.

O problema é que vocês não foram acostumados a olhar *"para o outro"* e, por isso, raramente se perguntam *"será que posso?"*, *"será que eles ainda conseguem?"* e, especialmente, *"será que devo?"*.

> *Pense comigo — agora voltando seu olhar não mais sobre a sua geração, mas sobre a de seu filho:*

Em sã consciência:

- Você consegue visualizar seu menino (ou sua princesinha) adulto, mas, veja bem, pensando e agindo como a sua geração age com os pais?
- Consegue imaginar o futuro dessa forma?
- Consegue se imaginar aos 60 ou 65 anos dando mesada, para ele — ou para eles?
- Consegue sequer sonhar que ele ou ela possa ficar um mês, dois, sem visitar você, sem telefonar, sem lhe falar — só se você tomar a iniciativa?
- Consegue perceber que, de repente, não terá descanso nem paz de espírito se criar uma pessoinha egocentrada e dependente, incapaz de uma autocrítica consciente e madura, que não reveja suas atitudes, que não aprendeu a pensar nos outros também (no caso, *você* sendo "*os outros*")?

O que seus pais fizeram ao mudar a forma de educar os filhos não seria nada problemático, caso não tivesse havido o exagero que houve. Se simplesmente houvessem estabelecido alguns limites, esse suporte tão bem intencionado poderia ter funcionado bem, sem que o lado obscuro dessa liberdade tivesse dificultado tudo.

Se você não quer repetir esses erros, procure discernir o que de bom eles trouxeram com essas mudanças, mas busque equilibrar com limites educacionais — e sem tanto exagero no dia a dia. Dê amor, carinho, atenção, participação, e, especialmente, dê sua presença, disponibilidade, mas, sobretudo no que se refere "a dar tudo" aos filhos, *tenha parcimônia! Especialmente em se tratando de coisas materiais.*

Para crianças, é muito necessário ter clareza de até onde podem ir — ou pensarão que, independentemente de qualquer coisa, continuarão contando com seu apoio até você ficar velhinho, velhinho! Imagine o seu próprio filho crescendo com a certeza absoluta de que pode fazer qualquer coisa... Agora tente pensar novamente em como se sentirá, você então com 50 ou 60 anos — já com dor na coluna ou no joelho, aqui, ali, em tudo que é lugar — e ainda tendo que trabalhar para dar mesada ao filho ou aos filhos ou criando seus netos. Imaginou?

E esse, pode acreditar, não é o pior exemplo! Há casos bem mais graves, como interdição de pais mentalmente capazes pelos filhos, sob a alegação de insanidade, na verdade apenas por questões ligadas à herança, por exemplo. Há apropriações indevidas e não autorizadas de pensão de pais idosos, os quais ficam dependendo dos filhos para receber um troco para comprar sorvete ou dar um passeiozinho até a pracinha da esquina, simplesmente porque os filhos não quiseram que o pai (a quem nunca ou raramente visitavam) assumisse um relacionamento com uma pessoa que receavam iria se "apoderar" do dinheiro do pai. Muitas vezes são as acompanhantes que no fim das contas de fato lhes fazem companhia ou lhes dedicam real afeto. Oportunismo ou não, é de assustar a falta de escrúpulos que tenho visto da parte de filhos que não lhes dão a menor atenção ou carinho, mas que se transformam em *dom quixotes* ardorosos para "defender" o papai ou a mamãe das mãos de "aves de rapina" que os querem dilapidar... Também assusta certo tipo de atitude que denota total insensibilidade e falta de gratidão e generosidade. Veja o depoimento:

> *"Nós morávamos em Brasília, quando nosso filho nasceu; quando ele estava com 10 anos, meu marido e eu nos separamos, e aí vim morar com ele no Rio. A minha responsabilidade triplicou. Minha família é pequena e não era presente, e o pai dele, nem se fala. Tentei fazer sempre o melhor que pude, mas na adolescência ele ficou muito rebelde, dei limites porque sei que é importante, não como eu tive, bem menos, mas ele resolveu chutar o balde mesmo, como se diz por aí... Claro que o nosso nível de vida caiu com a separação, mas eu não acho isso fundamental, isso de ter roupa de marca, muito dinheiro, mas ele reclamava demais, queria sempre mais dinheiro; eu dava mas nunca demais, porque não podia, nem queria... Começou a ficar em recuperação em várias matérias, várias vezes, só queria sair e todas as noites. Tínhamos muitas discussões, porque eu não concordava que ele parasse de estudar — e ele dizia que queria. Eu ia à escola falar com a coordenadora, ela orientava e então eu contratava professor particular;*

enfim, fiz o que pude, mas a pressão dele era enorme. Eu tentava conversar, vivíamos mal, olha, eu padeci com esse menino... Mas de qualquer forma, assim mesmo, em meio a brigas ele chegou à terceira série do Ensino Médio. No meio do ano, ele resolveu fazer o ENEM e, para surpresa minha, passou no vestibular. Aí o que aconteceu? Ele precisava do diploma para poder se matricular — e não tinha. Para meu desgosto, fui obrigada a matriculá-lo numa dessas escolas... sabe, que pagou passou? Logo eu, que sou professora, colocar o meu filho único numa escola desse tipo? Foi demais para mim. Mas o que eu podia fazer mais? Ele ameaçava e dizia que não ia estudar mais, se tivesse que fazer outro vestibular. Aí, eu matriculei. Paguei para ele ter o diploma, né? Mas era assim: ele ia, dava presença e vinha embora para casa. Para mim era o fim da picada! Fiquei tão mal, que tive um infarto. Quase morri, acredita? Acho que foi o acúmulo disso tudo... Hoje ele está formado, mas eu quase morri para conseguir isso!"

(M.L., 64 anos, professora, aposentada, um filho.)

É duro imaginar isso acontecendo com você? Com certeza, sim. Mas pode ser diferente. Depende de como você agir agora!

Todo profissional tem direito à aposentadoria após 35 anos de trabalho. Beleza! Certíssimo. Mas saiba que... Pai e mãe não têm! A única forma de os pais se *"aposentarem"* dessa função é *construindo filhos cidadãos*, como afirmei sempre e desde o primeiro livro que escrevi para pais (em 1989!). Você era um bebê? Pois é, olhe quanto tempo passou... Você só será pego de surpresa se quiser. Seus pais podem ter errado na dose de liberdade que deram aos filhos, mas você não precisa fazer isso com os seus! Em tudo é necessário equilíbrio. Nem oito, nem oitenta.

Seus pais sabiam que havia uma linha que delimitava o ponto até onde seriam apoiados e teriam assistência; *linha essa bem rígida*. Ficava claro para as crianças e jovens de então que, comportando-se de forma correta, respeitando a "fronteira entre o certo e o errado", teriam apoio e ajuda. Mas sabiam que, caso atravessassem *a tal linha*, perderiam tudo, dependendo de quão longe fugissem ao que os pais lhes apontavam como certo. Achou horrível? Mas era assim que as coisas funcionavam na maioria das famílias.

Seus pais também acharam terrível ter um apoio "com fronteiras" (limites) e implantaram o apoio irrestrito. Do ponto de vista filosófico, perfeito; mas, do ponto de vista técnico, se é que podemos chamar assim, as coisas se mostraram bem menos românticas. É que você era criança e seus amiguinhos também, não tinham raciocínio abstrato e, portanto, não podiam entender conceitos não concretos — como seus filhos não têm ainda. Por isso, interpretaram a mensagem ao pé da letra, isto é, como licença para fazer o que bem quisessem. Até poderia ter dado certo mesmo assim. Mas só se os seus pais os tivessem feito *assumir as consequências de seus atos*. Mas infelizmente não o fizeram: pelo contrário, vinham em seu socorro e "arrumavam a casa", para que seus filhos mimados não assumissem as consequências de quaisquer decisões inadequadas. Vocês não tinham pensado no "mais adiante" e continuaram a não pensar, porque é como se tivessem à disposição e a postos — sempre — um ou dois guarda-costas...

Nessa visão distorcida, muitos se deram mal. E então se sentiram traídos, "injustiçados" diante de uma realidade diversa da que tinham imaginado. Uns deprimiram; outros começaram a usar drogas; outros ainda passaram a destratar e agredir os pais, quando eles não puderam ou quiseram mais fazer tudo por eles. Em consequência, há casos de pais que, atualmente, moram em apartamentos mínimos ou alugados — porque os filhos pressionaram e exigiram receber sua *herança em vida*! E nem é um caso, nem dois apenas. Leia só:

> *"Meu filho tanto insistiu que me convenceu a passar o apartamento em que moro para o nome dele, quando meu marido morreu, alegando que seria melhor para todos nós no futuro, porque não teríamos que nos preocupar com espólio, essas coisas — quando eu não estivesse mais aqui. Na hora fiquei chocada por ele falar com tanta naturalidade da minha morte... E até em pensar e falar comigo sobre herança dessa forma tão...*

como direi... tão natural! Eu nunca falei assim com meus pais, nem teria coragem, melhor, nem queria falar sobre isso mesmo quando eles já estavam muito velhinhos e doentes, perto da hora de partir... Mas hoje as pessoas são diferentes... Então, depois de um tempo, achei que era romantismo da minha parte — e acabei fazendo o que ele queria. Um tempo depois, quando ele conheceu a mulher com quem queria se casar, na maior naturalidade me disse para eu arrumar um lugar para morar, que quando casasse iria morar com minha nora aqui. Para não ter que sair, acredite ou não, a única solução foi eu comprar dele o meu próprio apartamento!"

(D.A.M., 72 anos, viúva, aposentada, um filho.)

Maus-tratos, desrespeito, ausência de amor, desprezo, isolamento. Formas de "punir" os pais que não fazem o que os filhos querem. A grande queixa dos pais da terceira idade. Se você acha normal, o que posso fazer? Mas, se isso o horroriza, ótimo! Cuide-se para não criar filhos tão egocentrados. Ensine a respeitar e a amar os avós — e a respeitá-lo! Aprenda com o que aconteceu há pouco. Não deixe lacunas para o entendimento entre você e seu filho. Faça-se compreender — com todas as letras. E ensine-o a amar o outro como a si mesmo. Não apenas a si. Quem sabe você possa se incluir aí? Reveja como está sua relação com seus pais. Sempre é tempo. Sempre vale a pena.

Quando disser que apoiará seu filho, explique em que caso o fará e quando não o fará.

Foi isso que faltou os *Boomers* fazerem. Eles julgavam que os filhos sabiam o que se passava <u>dentro de suas mentes</u>. Quando diziam que apoiariam vocês em tudo, estavam pensando em tudo o que os filhos precisassem *realmente*. Jamais em ilegalidade, falta de ética, acomodação, preguiça, falta de generosidade etc. Isso nem passava pela cabeça deles, como não passa na de vocês em relação a seus filhos. E, no entanto, quantos da sua geração, querido, estão longe de serem afetuosos e de se preocuparem com as necessidades dos pais que envelhecem: ainda que tenham recebido tanto e sido apoiados em tudo? Muitos.

É claro que os *Boomers* jamais imaginaram que os filhos fariam qualquer coisa contra o que eles próprios prezavam moralmente. E é claro também que você nunca abandonará seu filho, mesmo que ele faça coisas erradas. Se o fizer, você tentará resgatá-lo, convencê-lo e orientá-lo. Sei disso, você sabe e seus familiares também. Só não anuncie. Deixe guardadinho em seu coração. E plante hoje, para não ter problemas com o que irá colher amanhã. Pelo contrário, faça com que ele sinta que existe <u>a tal linha</u> (mas precisa ser *educacional!*) de que falamos!

É bom. É válido. É preciso.

Venho assistindo a atitudes que me permitem afirmar que muitos que enveredaram por caminhos sem volta o fizeram porque acharam que alguém (no caso os pais) resolveria as coisas para eles. E você sabe tão bem quanto eu que, por certas coisas, ninguém pode responder pelo outro, mesmo que queira.

Então, se deseja que o que aconteceu sirva como aprendizado, *não garanta tudo a seus filhos*. Dê a eles tudo o que puder (não inclua aí coisas materiais): amor, apoio, compreensão, admiração etc. Mas não deixe de resgatar a linha que delimita a liberdade e o respeito aos direitos dos outros: faça com que eles compreendam que, se agirem contra a lei, contra os homens ou contra a natureza, <u>*você não lhes dará razão*</u>.

Seja amoroso, mas não derretido!

Guarde um pouquinho desse amor dentro do seu coração. Talvez seja a melhor forma de se orgulhar do seu filho no futuro. Minha avó, que não tinha muito estudo mas era bem perceptiva, criou quatro filhos honestos, trabalhadores e responsáveis. Ela dizia e repetia: *É preciso amar as crianças dos olhos para dentro, senão elas não vão prestar!*

2. Autoridade e hierarquia, para quê?

A geração dos seus pais acreditou, de forma até ingênua, que, se os homens se relacionassem com mais honestidade e expusessem seus sentimentos sem medo nem disfarces, a sociedade mudaria. E aí eles começaram a defender a ideia de que as pessoas deveriam abandonar a hierarquia no trabalho e transitar livremente até suas chefias, gerentes e superiores, porque, sendo verdadeiras em suas colocações, como sonhavam que todos seriam, ao exporem suas ideias, projetos ou até críticas, estariam propiciando um debate lúcido, interessante e criativo, que acabaria levando a instituição a mais produtividade e a um saudável e constante progresso. Lindo, não? Acreditavam que assim haveria interação real. E fizeram isso também em suas casas. Presumiram que o diálogo funcionaria tão bem que ninguém mais utilizaria expressões do tipo *"me respeite, eu sou seu pai"* ou *"me obedeça, eu sei o que é melhor para você"*. Pensavam:

> *Respeito se conquista na prática pela forma de agir, de se conduzir. Não basta ser pai, nem chefe, nem "mais velho". Tem que provar que merece respeito e a distinção implícita pela forma de ser e de agir.*

Só descobriram depois, na prática e talvez um pouco tarde demais, que nem sempre os filhos estão dispostos a aceitar ponderações — por melhores, mais sensatas e *mais conversadas* que sejam... Na verdade, o que os avós de agora não sabiam é que o que move a criança e o jovem são dois princípios: o hedonismo[41] e o egocentrismo[42]. Assim, a prática mostrou que, mesmo quando os pais argumentam de forma racional e embasada, os filhos podem não levar em conta nenhum desses maravilhosos e equilibrados argumentos, e, já que não há hierarquia, podem fazer o que lhes der na telha! Porque é característico da infância e dos longos anos da adolescência ignorar o perigo, o racional e o que é claramente palpável e perceptível para adultos equilibrados. Daí porque são chamados de "menores de idade"! Espera-se que essa visão seja superada na "idade da razão" — a vida adulta. É por essa razão que crianças e adolescentes *são inimputáveis*. Mas os *Boomers* acreditaram no diálogo como método educativo. E ejetaram a hierarquia da família; foi assim que surgiu o repetido slogan *"o importante é ser amigo dos filhos"*.

---

[41] Hedonismo é a doutrina que coloca o prazer como bem supremo e fundamento da vida moral. Existem vários enfoques hedonistas, que divergem no momento de explicitar as características do prazer pleno, assim como os meios para obtê-lo.

[42] Egocentrismo é o conjunto de atitudes ou comportamentos que denotam que um indivíduo se preocupa essencialmente consigo mesmo, com suas necessidades, desejos e vontades, muitas vezes ignorando a existência ou as necessidades dos outros.

Ora, ora, ora! Quando é que um pai[43] não foi o melhor amigo dos filhos? Seriam os colegas de turma *mais amigos* do que um pai? Ou os colegas da praia, do clube, da rua? Quem é que sempre defendeu, protegeu, cuidou e alimentou crianças e jovens? Os amigos, os colegas ou a família? Claro que *sempre* foi a família! Amigos são e sempre serão muito importantes, queridos e bem-vindos na vida de todos nós, mas quem bota a mão no fogo por você realmente, quando tudo vai mal?

A expressão foi justificativa para o caráter informal que as relações entre pais e filhos assumiram a partir de então. Imagine você, meu querido leitor, que, antes disso, elas eram tão hierarquizadas que havia até "uma hora apropriada" para conversar com o pai — em geral avalizada pela mãe, espécie de intermediária entre pai e filhos. Esse distanciamento exigia, em muitos casos, *permissão para conversar*, visto que o pai poderia estar cansado ou preocupado com problemas "mais importantes". Viram só que mudança? Foi enorme mesmo!

O pai, figura máxima de autoridade na família até os anos 1970, era provedor financeiro e juiz, temido e respeitado. Um olhar bastava para a criança saber se estava tudo bem ou se algo estava pegando! E era sair de fininho para

---

[43] Neste livro, a exemplo de todos os demais que escrevi, sempre estou e estarei me referindo àquelas pessoas equilibradas, carinhosas e mentalmente saudáveis que constituem a maioria dos pais, felizmente. Para efeito daquilo a que me refiro, nunca incluo portadores de doenças e desequilíbrios psiquiátricos, psicopatas nem sociopatas.

não gerar mais problemas... Hoje, quando me refiro a esse quadro do passado recente, percebo em você e nos seus amigos espanto e mesmo incredulidade. Já quem tem mais de 50 anos, ao ouvir a descrição, exibe um sorriso meio saudoso, faz um leve menear de cabeça, como quem concorda e, melancolicamente, relembra como era mais fácil ser obedecido. E muito, mas muito mais rápido também! Quando é que um pai precisava repetir mil vezes a mesma coisa até ser obedecido? Ou apenas ser *ouvido*? Posso afirmar que a aproximação e a intimidade entre pais e filhos aumentaram muito com essa mudança. Mas, por outro lado, a dificuldade de se encontrar um meio-termo entre a inflexibilidade de então e a quase total falta de autoridade de agora fez com que os ganhos fossem bem menores. Mais ainda: talvez a perda de distanciamento psicológico-afetivo entre pais e filhos tenha trazido *o maior problema que pais e professores jamais enfrentaram* — porque primeiro os filhos, e depois os alunos, confundiram essa liberdade, menor rigidez, poucas sanções e mais conversas do que "broncas" com ausência de autoridade parental.

> *Abolidas as amarras hierárquicas e instituído o diálogo como único método de convencimento, começaram as agruras dos pais...*
> *E dos professores depois!*

Por que agruras? Porque poucos anos depois, com filhos de 4, 5 anos, os papais *Boomers* descobriram, chocados e perplexos, que os filhos simplesmente não lhes obedeciam! Nem logo, nem depois de milhares de explicações! Podiam utilizar o argumento mais perfeito, a fundamentação mais maravilhosa, incluir carinho, a sedução do afeto, que, ao final de mil canseiras, os lindos e espertos pimpolhos continuavam a fazer aquilo de que estavam "a fim"! E toca a explicar, a mudar argumentos, para o consumido estoque de raciocínios! Esgotados mental e fisicamente, restava-lhes o quê? Duas opções somente: voltar ao método antigo ou tentar barganhar/seduzir os irredutíveis filhotes. Entrou a sedução no jogo. E toca a prometer isso, aquilo, aquilo mais, e ainda mais aquilo — em vão...

Tentaram voltar a um arremedo do método anterior e ameaçaram: *Se não for dormir agora, vou chamar seu pai!*, diziam as mamães tentando resgatar a autoridade paterna... Em vão! Tentaram barganhar: *Se comer tudinho, vamos passear no parque, quando você acordar!* E, em seguida, implorar: *Só mais duas colheradas para ficar forte! Ah, come, benzinho da mamãe!*

Sem sucesso de novo? I-na-cre-di-tá-vel!

De onde foi que tiramos essa ideia de que criança precisa de diálogo?, pensavam perplexos os papais exauridos (e irritados), depois de horas de inúteis tentativas de convencimento.

Na hora de dormir, novo sufoco! Contavam a historinha que o filhote mais amava, uma, duas, três, mil vezes! E, ao final, ele pulava da cama e não dormia de modo algum — a não ser na cama do papai!

Escovar os dentes — DRAMA!

Vestir a roupa adequada ao clima — DRAMA!

Fazer as tarefas que a escola passou — CHORO E GRITOS!

Tudo o que antes acontecia sem problemas quando eles próprios eram crianças (e os pais apenas falavam uma vez e eram obedecidos), tudo — sem exceção — tornou-se um exercício constante e inesgotável de paciência.

Mas o pior veio depois...

Também tornou-se um exercício diário de paciência tentar conversar, mostrar, argumentar milhares e milhares de vezes quando temas mais abstratos entraram em cena: importância de estudar; de fazer as tarefas; de não puxar o rosto das pessoas para ser ouvido o tempo todo, todo o tempo! Depois, mais problemas ainda: convencer o adolescente a retornar para casa dentro do horário, tantas e tantas vezes estabelecido democraticamente e em conjunto; e por aí vai!

Você se percebe falando mais uma vez, outra e novamente, e novamente, até que, um dia — dentre os muitos que se passaram explicando para a parede a razão e o porquê de tudo —, você dá uma de louco e começa a gritar, a falar alto, e muito, mas muito zangado mesmo, quase histérico, à beira da loucura! Seu filho, de olhos esbugalhados, assustado mesmo — imóvel e incrédulo, olhando e pensando: *Quem será essa pessoa em que meu amável e passivo papai se transformou?*

Pois vem sendo assim! A quebra da hierarquia e a argumentação sem fim conduziram a que milhares de pais aflitos e perplexos se sentissem repentinamente intimidados perante os filhos, que, por seu turno, foram crescendo em "poder" e em "querer".

De modo que, em vez de a hierarquia ter de fato desaparecido, ela só tomou outra forma: crianças se tornaram "chefes", "diretores" e, quem sabe, até mesmo "imperadores" em suas casas!

Em síntese, o que se conseguiu foi exacerbar o hedonismo e o egocentrismo infantis, características que se alongam hoje até a vida adulta, tornando as pessoas (ao contrário do que desejavam os pais) mais e mais vulneráveis e frustráveis. Quando, finalmente, você e seus colegas tiveram que enfrentar o mercado de trabalho e a responsabilidade se tornou necessidade de sobrevivência, os que foram criados com tanto mimo e superproteção não encontraram (nem poderiam) em seus chefes imediatos, nos colegas e professores pessoas que, como seus pais, estariam disponíveis para argumentar, convencer e ceder a seus quereres... E esse quadro inesperado assustou a muitos! A realidade da sua casa em nada se parecia com a vida e o mundo lá de fora. Um imprevisto duro de enfrentar para muitos. Quem, por sorte ou herança genética, tinha mais capacidade de adaptação conseguiu encarar a realidade e mudar — com maior ou menor sofrimento, mas mudar. Já os que não conseguiram aceitar ou abrir mão do que consideraram *seus direitos* (ainda que não fossem), esses passaram, e passam ainda, momentos de grande dificuldade e mágoa. Para alguns, tornou-se impossível superar essa dualidade: o que viveram em suas casas e o que o mundo real lhes mostra e oferece. Muitos, por essa razão, se tornam pessoas com quem é difícil conviver: desadaptadas, choronas, reclamam de tudo, são impositivas e criadoras de caso. Outros querem resolver tudo na base da briga — são os "barraqueiros", que criam clima desfavorável ao seu próprio crescimento e progressão seja no trabalho ou na vida social e afetiva. Vivem inconformados, procurando encontrar aquele paraíso que achavam existir, porque de fato sua infância foi um paraíso, com os pais fazendo tudo por e para eles, e defendendo-os de tudo e de todos.

> *Inadaptação, depressão, revolta e até, em alguns casos, marginalização acabam sendo consequências não previstas nos objetivos — por melhores que tenham sido as intenções de quem queria um mundo melhor.*

Então, papai, se você está criando seu filho agora, *pense bem*!

Você pode repetir o modelo ou rever seus métodos e objetivos em relação aos filhos.

Aprender e utilizar o que de bom o modelo novo de relação com os filhos trouxe, mas compreender também as dificuldades e consequências nem sempre felizes que surpreenderam seus pais.

E assim você irá aprimorar o modelo; parece-me um bom caminho.

No entanto, é você que vai decidir! Mas, ao refletir sobre o que estou propondo, não pense apenas no hoje. Pense grande.

Procure imaginar seu filho adulto — ou, melhor ainda, adolescendo.

> *Como é que você vai dar conta do recado se o seu filho mandar em sua casa?*

3. Faça o que for melhor para você, querido!

Você, que teve liberdade para definir sua vida, já sabe agora que essa mudança ocorreu apenas há cinquenta anos. E sabe também que seus pais, para decidir o que iriam fazer na vida por si sós, sem interferências ou imposições, travaram uma luta e tanto e pagaram o preço: muitos tiveram que romper com a família, o que significou romper com o conforto também.

Mas a sua geração *teve o tempo que quis ou precisou* para definir a profissão ou não escolher (ainda), apesar de em muitos casos estar com mais de 30 anos... Pôde também pensar que "errou" na escolha e refazer tudo: novo curso, outra faculdade, ou simplesmente pedindo ajuda a seus pais onipresentes para abandonar a profissão que não lhe deu alegria nem prazer e... Começar do zero. Ou simplesmente pedir uma "ajudinha" (?) para montar um negócio seu, porque descobriu que *"não gosta de ter chefes"*...

Você pôde também resolver se casava cedo ou tarde, ou mesmo se não casava... Pôde experimentar várias relações antes de se definir sobre o companheiro da jornada ou resolver viver sozinho. Pôde começar uma vida em comum e desistir dela poucos anos ou meses depois... E começar outra relação ou nenhuma outra. E até mesmo voltar para a casa da mamãe e do papai por um período — ou para sempre!

Alguma vez você sequer imaginou que tudo isso foram benesses conquistadas por seus pais e que não era assim antes? Também sabia ou imaginou...

- Que havia uma espécie de prazo (embora não explicitado, porém claro e palpável) após o qual os jovens tinham que alçar voo solo?
- E que, caso descobrissem que o voo fora uma escolha infeliz, teriam que continuar, porque não se podia simplesmente voltar para casa do papai ou da mamãe e dizer *"quero colo"*, casa, mesada, comida e roupa lavada novamente (ao menos não por essa razão)?
- Que não era nada comum uma pessoa se separar e voltar para a casa dos pais, menos ainda retornar com todas as mordomias de solteiro? Sabia disso? Menos comum ainda era viver de mesada aos 22, 23 anos. Hoje tem gente vivendo assim até os 40! Você mesmo deve conhecer alguns. Outros há que vivem de mesada, não acham nada de mais, nem pretendem fazer nada a respeito — está tão bom!
- E que há os que "moram sozinhos", mas as despesas com aluguel, condomínio, luz, gás, telefone são pagas pelo papai e mamãe — e às vezes até ganham mesada?

Talvez alguns, ao lerem essa passagem, pensem: *mas eu não pedi nada! Eles deram porque quiseram!* Ou: *mas eu não estou entre esses!* Realmente, pode ser que você não seja exatamente um desses. Mas conhece ou não colegas assim? E de fato vocês não pediram nada! Mas ganharam! E foi bom. Vocês aproveitaram muito bem essas benesses. Não, não fique bravo, não estou de forma alguma criticando a sua geração. Só estou querendo que você pense um pouquinho no quanto isso foi bom e confortável.

Também foi por essa mesma razão que você e alguns de seus amigos nem precisaram pensar duas vezes quando decidiram voltar para a casa dos pais, de mala e cuia, avisando "separei" ou outras razões! Porque sabiam que contavam com eles para tudo.

No entanto, os papais *Boomers* já estão na terceira idade e muitos ainda continuam fazendo quase tudo o que faziam quando seus filhos eram pequenos. Em alguns casos, agora fazem até mais. Sabe por quê? Porque, ao afirmarem seu total apoio às iniciativas de seus filhos, eles não imaginaram que isso seria interpretado como *"posso fazer o que quiser na vida; se qualquer coisa der errado, eles me cobrem".*

Há até os que afirmam: *"é um favor que faço para eles, que gostam tanto de mim!"*

Vou dar um exemplo bem atual dessa interpretação equivocada: entre tantas conquistas dos seus pais, houve a luta pela igualdade de gênero e pela não discriminação contra as moças que engravidavam solteiras. Vitória total nesse sentido — pelo menos hoje não ser virgem não desmerece mais ninguém e é até bem raro encontrar moças que não tenham tido várias experiências com parceiros diferentes antes de se fixar numa relação. Pelo menos no Ocidente. O que não se podia imaginar é que, em pleno século XXI, com tanta informação sobre reprodução e anticoncepção, com seguidas campanhas sobre o tema em todos os meios de comunicação, seria tão fácil encontrar jovens que *"engravidam sem querer"*! E cujos pais estão tendo que criar a doce criaturinha fruto do *"sem querer"*! Por quê? Porque agora se engravida "por descuido", preguiça e até por falta de cuidado — não mais por ignorar o que seja uma relação sexual, como acontecia até em torno dos anos 1950. Esse tipo de "descuido" é, na verdade, descaso e irresponsabilidade com essa nova vida e com a família. E tem relação direta com a certeza de saber que, se engravidarem (podendo ou não, em termos financeiros, de maturidade etc.), haverá quem cuide de seus bebês... Quem? Os avós, ora!

Qual foi o problema? O mesmo de sempre! *In-ter-pre-ta-*
-ção... Isso mesmo! Seus pais estavam, na verdade, lhes dizendo: *olhem, de nossa parte, vocês não terão interferência nas escolhas essenciais da vida: profissão, forma de viver, hora de casar, hora de mudar, de separar e de recasar!* Referiam-
-se, é claro, às decisões importantes. Jamais pensaram,

um minuto sequer, em excluir desse contexto a responsabilidade que cada adulto tem pelas consequências das suas decisões — especialmente quando elas são tomadas a partir da liberdade de agir.

O que seus pais jamais imaginaram criar foi uma geração tão voltada para si e para suas necessidades. E aí está a razão do problema: preocupar-se <u>apenas e tão somente</u> com os seus problemas, jamais olhando o outro — no caso, seus pais, que estão pagando a conta desse ego agigantado e da falta de um olhar empático. É assim que age quem *acha que tem direito a tudo*. Ou *"quem se acha"* — como vocês gostam de dizer.

> *Desculpe, querido. Mais uma vez me arrisco a ver minha obra queimada, picada e jogada no lixo! Mas o que fazer? A minha vida foi sempre essa busca incessante pela conscientização. Afinal, confio demais nos jovens. Ainda que às vezes não pareça, é a pura verdade. Atrevo-me à verdade, porque confio em vocês. E por isso estou tentando fazer vocês entenderem o que ocorreu, para evitar que as consequências se perpetuem. Com tanta superproteção e apoio, vocês cresceram realmente "se achando"... Mas voltemos ao nosso assunto, agora que, creio, consegui evitar que sua indignação se voltasse contra o inocente produto das minhas colocações.*

Você agora já é pai, sabe o quanto de dedicação integral e esforço diário (noturno também) é necessário dar. E muitas vezes, por mais que tente fazer o melhor, sente que ainda faltou muita coisa. Não é verdade? Já parou para pensar que *pai* é dos pouquíssimos profissionais que não têm direito a aposentadoria, descanso remunerado, férias ou décimo terceiro? De fato, não tem amparo social algum...

Pai só se aposenta da tarefa de cuidar dos filhos se os criar produtivos e responsáveis, que saibam viver com ética, dignidade, independência, produtividade — e sem achar que alguém fará tudo por eles! É verdade! Só assim você vai poder pensar: bem, *agora posso passear à vontade, me divertir, viajar... Enfim, fazer o que me der na telha.* Mas lembre-se: na melhor das hipóteses, terão se passado uns 25 anos desde o nascimento *do seu caçula*!

Em resumo: os *Boomers* esperavam que as decisões importantes da vida fossem tomadas por vocês, do jeito que desejavam e sonhavam. Eles estariam ao seu lado para apoiar, mesmo se discordassem de algumas; jamais poderiam supor, porém, que os filhos imaginariam que isso não implicasse <u>assumir também as consequências</u>. Porque foi assim que eles próprios viveram sua revolução; assim pensavam e assim fizeram.

Sim, esse é um pressuposto básico da liberdade: a responsabilidade pelas decisões tomadas. Sejam elas quais forem. Esse é *o lado obscuro*[44] *da liberdade*, o lado que não

---

[44] No sentido de mal esclarecido, mal compreendido.

foi bem decodificado por muitos dos jovens das novas gerações: que, a cada direito adquirido, corresponde um dever. Que, a cada escolha feita, são descartadas as outras opções existentes. E que é necessário não apenas gozar os benefícios dessa liberdade, mas também prever, compreender e assumir a responsabilidade por essas decisões e — em consequência — pelo que delas derive. E isso em muitos casos não ocorreu — e ainda não ocorre. Há uma legião de vovós criando netos ou dando suporte financeiro a quem se apropriou do que julgava ser *"seu direito"*, sem pensar nos deveres que adviriam.

Por conseguinte, há uma quantidade preocupante de pessoas da terceira idade cansadas e adoentadas, que, no momento da vida em que seria fundamental aproveitar os anos que lhes restam após uma vida de trabalho, não o podem fazer. Simplesmente porque seus filhos não compreenderam que, por uma questão de coerência, dignidade e responsabilidade, deveriam assumir as consequências das escolhas. Assim agiram seus pais. Por isso, nem lhes passava pela cabeça que seus filhos, tão queridos, tão amados e tão protegidos, não soubessem disso e não agissem dessa forma também.

> *Sim, sou livre para fazer o que decidir em minha vida, mas por minha conta e risco.*

Os *Boomers* achavam que isso estava mais do que claro para todos. E para seus filhos também! Mas não é o que a realidade nos tem mostrado. Dados do IBGE revelam que, no Brasil, o último levantamento demográfico (Censo 2010) acusou crescimento significativo da chamada geração *"Nem-Nem"* entre 2000 e 2010. Somente na Cidade do Rio de Janeiro esse grupo cresceu de 12,3% para 16%!

Um aspecto ainda mais triste, porém, me parece ser que esses princípios traziam uma enorme esperança embutida: a de que haveria tal grau de amizade e cumplicidade entre pais e filhos como nunca antes teria havido entre duas gerações. Essa era a ideia: mudar a relação tão hierarquizada, e por isso distante, para que surgisse outra, em que pais e filhos seriam confidentes, íntimos. A estrutura rígida que foi quebrada deveria ter sido substituída por igualdade, mas para ambas as gerações.

Aqui, um parêntesis. Há quem diga que as pessoas verdadeiramente generosas, quando fazem algo por alguém — seja dando afeto e consideração (isto é, sentimentos), seja dando coisas materiais (um vestido, uma joia) —, não querem nada em troca, porque o prazer de dar supera qualquer outra possível necessidade. Não é o que penso, nem o que vejo ocorrer. Acredito que o ser humano quer, espera e necessita de *reciprocidade*. Claro, não na mesma e exata medida; não se trata de pesar o "quanto" se fez por alguém ou o quanto de afeto e dedicação se deu, para receber exatamente o mesmo — como num cálculo matemático. Nada disso. Esperamos, sim, receber afeto, amor e carinho quando dedicamos afeto, amor e carinho a alguém. Os *Boomers também*. Em troca das conquistas repassadas aos filhos, esperavam receber, na idade adulta, uma relação de inteireza, de troca de afetos e diálogos, de convivência, amizade e *apoio mútuo*.

> *É natural esperar isso, não? Quem não reclama de um amigo a quem deu apoio, se não recebe o mesmo quando, por sua vez, necessita? Quem não fica decepcionado, frustrado e até passa a duvidar do sentido da amizade, se, no trabalho, depois de atender a um colega, fazendo, por exemplo, o trabalho dele numa necessidade, não recebe o mesmo tratamento, quando está em apuros?*

Nem em sonhos, pais que deram tanto de si poderiam supor que o seu legado, de alguma maneira torta, contribuiria para a supressão ou diminuição de comportamentos afetivos fundamentais que os filhos tinham com os pais, quando estão ambos na idade adulta. Foram unânimes: todos os depoimentos incluíram descrições de atitudes dos filhos adultos e já independentes que geraram muito sofrimento por parte dos pais, embora tenha ficado bem claro também que a maioria hesite em declará-las em público. Os itens que se seguem são sínteses que fiz a partir dos relatos e entrevistas, escolhidos pela frequência com que se repetiram no estudo:

> *Decidir não ir a certas festas e reuniões de família, sabendo que seria importante para seus pais, simplesmente declarando: não vou, acho "um saco"! (ainda*

que os pais se mostrassem decepcionados e tristes, não cediam nem mudavam de atitude).

Abolir o beijo, o abraço ou o hábito de pedir a bênção aos pais, quando chegam e saem (simplesmente porque já são adultos!).

Não avisar quando viajam ou saem da cidade. Os pais só ficam sabendo se, após dias sem sinal de vida, preocupados, telefonam para o celular e "descobrem" que filho, esposa e netos estão em tal cidade!

Decidir que os pais estão fora da relação de pessoas com quem pretendem passar o aniversário: Não quero ninguém da família no meu aniversário. Só os "meus amigos"!

Não fazer uma visita sequer aos pais, por semanas ou meses seguidos, a não ser se houver convite formal. E, mesmo sabendo que um deles esteve doente, o máximo é um telefonema rápido.

Avisar de forma bem clara e sem culpa ou pudor: "Não vá aparecer hoje lá em casa — vou reunir uns amigos!"

Não dar um telefonema aos pais unicamente no intuito de saber como eles estão — por afeto, por amor.

Só telefonar ou aparecer quando precisam pedir alguma coisa, como tomar conta de um neto ou pagar uma conta para eles.

> *Perguntar, bem aborrecido, "por que você quer saber?" quando o pai ao lhe telefonar pergunta "onde você está?", presumindo que o pai está "tomando conta da vida dele" quando, na verdade, está apenas tentando saber se ele está no trabalho ou ocupado.*
>
> *Demonstrar desinteresse por tudo que se refere à vida atual dos pais, a ponto de perceberem claramente que não estão sendo ouvidos ou de ficar perceptível o enfado.*

São depoimentos reais e que acontecem mais a cada dia.

Sempre ocorreram casos tristes e desfechos trágicos nas relações entre pais e filhos; isso não é de hoje, mas atualmente a espiral vem crescendo. Se felizmente a maioria *não mata* os pais quando contrariados em seus desejos/objetivos, não poucos pressionam por "receber bens em vida", o que no passado recente dificilmente sequer se *pensava* tendo pais vivos.

> *"Quando fiquei viúva perdi minha base. Desestruturei total. Foi tudo rápido e inesperado. Meu marido morreu jovem, de infarto. Em menos de três dias, tudo acabou. Ele nem tinha 60 anos. Eu, funcionária pública de nível médio, aposentada, ganhava uma miséria. Assim, quando tive que tratar do inventário, achei natural seguir a recomendação de um amigo que é advogado e fui conversar com meus filhos sobre a parte deles — nem era uma heraaança! Era apenas o apartamento em que eu morava, um carro que eu já tinha vendido para*

pagar os médicos e um apartamento pequeno de quarto e sala, que a gente alugava na época. Tenho duas filhas, ambas são profissionais de nível superior, pós-graduadas, ganham muito mais do que eu. Cada uma já morava em apartamento próprio, tinha carro, todo o conforto. Meu marido ajudara aos nossos genros e a elas quando se casaram. Assim puderam comprar mais rápido. E as duas têm salários muito bons, graças aos esforços que fizemos para ajudá-las a estudar, fazer cursos etc. Bem, assim que toquei no assunto, elas responderam como um coral: vamos fazer tudo de acordo com a lei! Sei que tinham direito, mas eu mesma já havia aberto mão da minha herança, quando meu pai morreu; meus irmãos fizeram o mesmo. Só ficamos com os bens dos nossos pais quando mamãe também se foi, para que ela tivesse mais conforto na velhice, ela era dona de casa, sem aposentadoria. Mas o que mais me deixou arrasada não foi a parte material, foi a forma de falar e a insensibilidade num momento em que eu estava tão fragilizada!"

(G.M.I., 59 anos, viúva, duas filhas, quatro netos.)

Volto a repetir, sei que nem todos são assim. Mas os depoimentos anteriores são muito comuns na atualidade. E se, por um lado, essas atitudes não ferem a legislação, por outro lado, ferem afetivamente. E acontecem justamente no momento em que os pais estão começando a perder a capacidade de trabalho, quando não são mais tão saudáveis e, em geral, quando começa também o declínio no poder aquisitivo, muito comum em quem se aposenta, o que só não ocorre com as classes mais altas.

Uma das maiores dificuldades do adulto que está entrando na terceira idade é aceitar a perda do protagonismo que costuma surgir pouco a pouco nessa fase da vida. Essa perda ocorre em primeiro lugar em função da aposentadoria, lá por volta dos 60 anos. O segundo fator é que os filhos se tornam adultos e independentes. E é justamente nessa hora que aquilo que os pais fazem ou dizem vai perdendo o peso e o poder de influência. Não que acabe de todo, mas diminui muito, e é natural que assim seja. É importante que você que é um jovem adulto saiba que seus pais estão num momento de readaptação em vários planos. Profissional, afetivo, pessoal. Momento em que declinam muitas das funções sociais e pessoais que tornam os indivíduos felizes e com autoestima elevada. Trabalho, vida sexual, independência física, vida e relação afetiva — tudo começa a diminuir...

É um momento em que, para muitos, algumas das coisas mais valiosas da vida já terminaram de vez: não poucos já perderam seus companheiros. Outros se aposentaram, porque chegaram à compulsória — e o trabalho sempre foi muito importante para essa geração. Tudo parece conspirar para a perda da motivação, do interesse e dos objetivos que faziam com que se sentissem vivos...

É quando pensam poder contar com os filhos. Não para pagar suas contas, nem para cuidar deles, mas sim para sentir, através do respeito, interesse, amor e gratidão, a reciprocidade afetiva com que sonharam e para reafirmar que a vida valeu a pena.

É natural desejar isso, não acha? Não é o que você espera também do seu filho, que ainda nem sai de casa sozinho para ir ao playground?

Quando seus pais diziam para vocês tomarem as decisões que fossem melhores para vocês, não imaginavam que, com isso, estariam reforçando o individualismo — e colaborando para que essa forma de ver e pensar a vida preponderasse. Também não imaginavam que isso conduziria muitos jovens, na atualidade, a se colocarem sempre em primeiro lugar ao analisar ou decidir qualquer coisa.

A verdade é que, ao olharem para si com tanta benevolência como o fazem hoje os jovens, desculpam-se a si próprios, alegando pouco tempo, muito trabalho etc., e acabam ferindo e magoando aqueles que os amam. Porque, seja ocupado o quanto for, quem quer fazer alguma coisa mesmo faz. Prioriza e faz. Em seus depoimentos a maioria relatou que os filhos sempre alegam não ter tempo para nada, mas eles, que também usam a web, percebem que, para o Facebook e seus assemelhados, os atarefadíssimos rebentos sempre têm tempo de postar fotos, relatar fatos e até parabenizar amigos por quaisquer *posts bobinhos* tipo "fulano mudou sua foto de capa"; para os pais, no entanto, não há sequer um minuto disponível.

Quem deseja de fato fazer, consegue ter ou arranjar tempo para, por exemplo, expressar o que sente, seja da forma que for: através de um olhar carinhoso ou um simples carinho no braço; do gesto de se lembrar de levar uma fruta ou um pedaço do doce de que o pai gosta muito; ou trazer uma singela florzinha colhida de uma árvore na rua... Isso não demanda muito tempo, demanda empatia, compreensão. Amor.

A questão é exatamente essa:

Você faz *pelos seus pais no dia a dia o que faz pelos seus 1.500 amigos no Face? Ou acha que eles não precisam nem você lhes deve nada?*

Você arranja tempo para ligar para uma amiga, apenas para comentar sobre um vestido que viu numa vitrine e achou "a cara dela"? Arranja? E para saber se um colega de trabalho melhorou da gripe? Também? Joia! E para saber se, afinal de contas, a namorada perdoou o seu amigo que estava *deprê* pela separação, depois da última briga? Claro que arranja? Você é querido na turma, sem dúvida!

E com seus pais, você faz isso também? E na mesma proporção? Ou só um oi, e bem apressado, quando <u>eles ligam para você</u>, lhe parece o bastante?

Essa é a reciprocidade que todos os pais desejam, e merecem, receber (você também vai querer — e certamente não só isso!). Não à toa que a sabedoria popular postula há anos: "plante hoje, para colher amanhã"; "é dando que se recebe". Sim, seus pais esperavam mais atenção e cuidados!

> *Em tempo: não vale colocar na balança dos seus feitos o número de vezes que você os encontra porque vai deixar o neto para eles tomarem conta!!!*

Mas vale muito, muito mesmo, lembrar quantas vezes essa semana você telefonou só para mandar uma beijoquinha ou para saber como eles estão de saúde ou o que fizeram no final de semana.

Mas o que me contaram os pais que têm filhos adultos hoje?

> *"Meu filho é casado, pai de dois filhos pequenos; praticamente me obrigou a alugar um apartamento e a sair do meu, que é próprio e onde morei toda a vida, porque queria e queria ir morar lá com a esposa e meus netos. Vivia dizendo que era egoísmo eu e a minha esposa morarmos num apê grande — e eles viverem apertados. Detalhe: minha renda de aposentado está cada dia valendo menos, mas acabei ficando tão mal com a história que cedi; então aluguei um quarto e sala, para continuar no mesmo bairro, senão teríamos que ir para bem longe — e aí como ver os netos?"*

> *OBS.: Na ânsia de "dar tudo aos filhos", tinham passado o imóvel para o nome do único filho, com o objetivo de que, quando não estivessem mais aqui, ele nem tivesse que pagar imposto de transmissão!*[45] *Decretaram sua sentença. Jamais sonharam que o próprio filho seria capaz disso.*
>
> (Z.T.C., militar aposentado, um filho casado, dois netos.)

E há também, nas novas gerações, um crescente número de pais que não conseguem ter olhar empático nem mesmo para quem deles depende, seus filhos! Quem leu e não se chocou profundamente com as notícias que relaciono abaixo? Todas foram noticiadas em diferentes mídias, com grande destaque. Creio que devem lembrar:

> *Pais "esquecem" filhos dentro do carro e vão para o trabalho ou fazer compras. Em pelo menos dois casos noticiados na imprensa os bebês morreram desidratados.*
>
> *Mães deixam filhos menores de 5 anos sozinhos em casa e vão para a "balada"! Notícia veiculada recentemente pela imprensa no Brasil.*
>
> *Na Argentina, vários bebês foram milagrosamente salvos de incêndio numa boate (faz poucos anos) onde*

---

[45] Essa referência é verídica. Embasada não apenas em um dos depoimentos, mas também em pessoas que, preocupadas com ajudar o futuro dos filhos, o fizeram em vida.

> *jovens mães tinham ido dançar e, não tendo com quem deixar seus bebês, levaram os filhos e deixaram-nos <u>no chão do banheiro</u> da danceteria, onde foram encontrados pelos bombeiros, intoxicados pela fumaça!*

O que importa aprender com esse passado recente é que ninguém deve ser educado para pensar apenas no que é conveniente para si próprio. Logicamente, se desejar um futuro afetivamente saudável para si e um mundo melhor para a sociedade como um todo.

A opção de *como viver* é de cada um. Sim, não há dúvida. Porém, essa liberdade quase total de que gozam as novas gerações hoje, essa ideia de *"posso fazer o que eu quiser"*, está deformando a percepção das pessoas. Veja outras notícias:

> *Jovem adolescente, criada pela avó, foi denunciada por vizinhos, porque deixava a idosa, de mais de 80 anos e que não se locomovia sozinha, doente, numa cama, em péssimas condições de nutrição e higiene. A neta se apropriava mensalmente da aposentadoria dela e usava em noitadas com o namorado.*

> *Jovem de 16 anos matou a mãe enquanto dormia com golpe de luta marcial por estrangulamento, após o que queimou o corpo num matagal, com ajuda do namorado, para receber o seguro de vida que a mãe fizera e do qual a filha era beneficiária (em tempo, o valor do seguro era de R$ 15.000,00).*

Podemos ter uma relação saudável e não impositiva com os filhos, mas isso não precisa e não deve fazer ninguém se esquecer do que o outro necessita também. E não estou me referindo a _coisas materiais_! As coisas materiais, essas, os papais de hoje dão a seus filhos até em excesso, a ponto de não se poder nem andar de tanto brinquedo pela casa... Estou falando é da sua presença não terceirizada (sem babás, vovós, empregadas e outros ajudantes, a todo momento), do atendimento às reais necessidades emocionais e sociais das crianças.

É fácil ceder e comprar mais um brinquedinho ou vestido. Ou carrinho. Difícil é renunciar a uma _balada_ para ficar com seu filho em casa _numa boa_, conversando, brincando, trocando emocional e intelectualmente. Mais difícil ainda é renunciar a idas a restaurantes até altas horas, a cada sábado, domingo e feriado, apenas para preservar seu filho, que precisa dormir oito horas no mínimo por noite e que ainda não tem resistência física para ficar em ambientes poluídos por som alto, conversas idem, barulho incessante de pratos e talheres, sem falar na contaminação por vírus e outras doenças, para as quais a criança pequena ainda não tem defesa.

Quando você estiver na terceira idade, mesmo que hoje _pense_ que não, esperará sim do seu pimpolho _ao menos uma partezinha_ do afeto, atenção, noites sem dormir, que está dando a ele hoje... Como seus pais estão esperando que você faça em relação a eles!

Jovens ficam velhos também. E, por mais distante que isso possa lhe parecer agora, o que você fizer no presente, em termos de educação e formação com seus filhos, repercutirá na sua vida amanhã. O ciclo da vida é igual para todos.

Seus filhos também crescerão — como você cresceu (felizmente, e que seja com saúde)! Também eles quererão fazer apenas e somente o que lhes agradar, *caso você não os ensine a pensar nos outros*.

Você, que acha que não precisa nem deve "dar satisfação" a seus pais nem quando viaja, nem quando muda de parceiro ou de emprego; você, que raramente os visita espontaneamente; você, que não telefona apenas para um alô carinhoso ou para dizer que está com saudades (*porque jamais pensa no que os deixaria felizes*)... *responda com toda franqueza (mas pense e avalie bem, antes de responder): O que você dá em termos de carinho e cuidados a seus pais é exatamente o que deseja receber de seus filhos quando estiver velhinho?*

Coloque-se no lugar deles e imagine que seus filhos são agora adultos e que fazem apenas o que desejam. Pense que você poderia estar com saudade de um mínimo de convivência, de alguma notícia, de um papo pelo menos! Pense no que significaria não saber nada do que ocorre na vida da sua linda filhinha, que hoje tem 4 ou 5 anos e que você tão orgulhosamente considera a menina mais linda, mais inteligente — muito mais inteligente, aliás, do que todas as demais crianças do mundo... Pense também que, apesar de tudo o que você lhe deu e do quanto se dedicou e a amou ao longo de *TRINTA* anos, agora que ela já é uma jovem e linda mulher, profissionalizada, casada, ela *não está nem aí* para você, para o que sente, ou para a forma como você passa seus dias. Você pode estar só (separado, viúvo, mas só) e triste. E pode também estar produtivo e feliz. Não importa. Nada substitui a relação de amor de um pai para um filho. Agora você já tem os seus próprios filhos. Então já pode imaginar como se sentiria se ela ficasse três semanas sem lhe dar um telefonema.

Imaginou? E se ela resolver não falar nunca mais com você — só porque você discordou de alguma decisão que ela tomou na vida? É, simplesmente *discordou*. Hoje os pais felizmente não mais impõem, quando muito conversam, orientam e sugerem. Já pensou como se sentiria se, por uma simples observação discordante que você lhe fez, ela ficasse muito, mas muito zangada e resolvesse "ficar de mal"? Isso agora ocorre, sabia? São os filhos que "se zangam" porque os pais "não se comportaram direitinho"...

Conseguiu imaginar?

E, se você disser que sempre telefona, tente reavaliar: você deixa que falem, à vontade e sem impaciência, sobre os problemas deles? E, quando eles lhe contam algo, você realmente está ouvindo para dar soluções e tentando ajudar?

Parece longínquo? Não é tão longínquo assim. O tempo passa rapidinho; logo você se verá sozinho em sua casa antes tão movimentada; se ainda tiver o companheiro a seu lado, tanto melhor! Ainda assim, em determinado momento, sentirá muita vontade de saber o que seu filho está fazendo da vida... Como está indo na carreira, como foi o dia hoje (...) E sobre seu neto, como está na escola... Pelo andar da carruagem, quer dizer, se nada mudar, do jeito que as coisas estão indo, *se você não telefonar não vai saber...* Ou se telefonar poderá ouvir um apressado, *"Tá, pai, tá tudo bem sim, depois nos falamos, ok, estou fazendo um negócio aqui, depois nos falamos, tá?"* Como vem ocorrendo hoje, com os *Boomers...*

Pense no que sentiria se, ao telefonar, percebesse a irritação com que ele lhe pergunta: *o que você quer, fala rápido, estou ocupado.* (Não uma vez, mas sempre, pense nisso! E não na hora do expediente, que você não é louco nem nada, mas à noitinha, quando todos estão hipnotizados à frente de uma das telinhas — tevê, vídeo, jogo eletrônico, computador, celular, redes sociais.)

É, é muito difícil imaginar que, sendo o pai incrível que julga ser, seja tratado assim: com frieza, distância, irritação ou até com indisfarçável impaciência. Ou polida formalidade.

Sabe, querido, os seus pais também se julgavam incríveis, exatamente como você se acha. Bem como seus avós.

Vamos pensar ainda mais um pouco: Suponha que você já está com 50 e muitos anos, está sentindo uma dorzinha estranha e vai fazer um exame complicado; ou imagine que vai ser operado e mora só. Pensou?

Acredita que seu filho virá correndo, desmarcará todos os compromissos pessoais e de trabalho para ficar com você? Talvez até venha (você pode ter tido a sorte de seu filho ter inata generosidade). Nesse caso, provavelmente ele o acompanhará e será um amor, cheio de cuidados e disponibilidade.

A pergunta que lhe faço é: *você quer deixar o futuro se resolver ao acaso da sorte?* Sim, porque, além desse componente, há somente um com o qual você pode contar: a educação, ou seja, a formação moral, os valores que desenvolveu com paciência, repetindo, corrigindo, repetindo novamente — ao longo de muitos anos!

Seus pais quiseram lhe dar liberdade. Esqueceram-se de lhe avisar que não era para usá-la ignorando-os, sem lhes dar a contrapartida que todos que amam de verdade merecem; esqueceram-se de lhe ensinar a olhar não apenas para seus desejos.

Esse legado jamais sonhado (o egocentrismo de grande parte dos adultos jovens de hoje, a autoimagem superdimensionada que chamo de *"eu me acho"*) surgiu da falta de empatia, solidariedade e outros valores que nascem com algumas pessoas, mas que em outras é preciso desenvolver. Preocupados em fazer com que os filhos fossem livres, não se sentissem frustrados nem obrigados a nada, seus pais *acostumaram vocês a analisar muito e sempre as suas próprias necessidades e vontades*. O tempo confirmou que quem faz só o que lhe dita sua vontade se esquece de considerar a necessidade dos outros também.

Ilustrando essa incapacidade, esse voluntarismo que tanto se revelou nas atuais gerações de adultos jovens, outro depoimento:

> *"Com meu filho, uma vez, aconteceu o seguinte: ele e a minha nora foram convidados para padrinhos de casamento de um amigo. Haveria outros padrinhos também, é moda agora ter muitos padrinhos, mas eles em especial iam entrar com meus netos gêmeos de 1 ano e meio; por isso iriam entrar na igreja cada um com um dos filhos ao colo. Quando me contaram, achei tão lindo, e, na mesma hora, disse que adoraria ver isso... Perguntei quando seria e em que igreja, que eu queria ver... Na mesma hora meu filho disse: 'Mãe não vai ser nada de mais... Só vamos entrar com eles no colo e pronto!' Eu: 'Mas eles vão estar todos chiques, vestidos para um casamento, vai ser demais...' 'Tá, mãe, tá bom, eu aviso.' Passou um tempo, esqueci o assunto já que ele tinha me prometido que avisaria. Por acaso,*

numa sexta-feira saí do trabalho e, como costumo ir vê-los nesse dia quase sempre, fui lá ver meus nenês. Quando cheguei, dei de cara com meus netos já todo arrumados, de camisa social, terno, lindos, já saindo para o tal casamento. Não tinham lembrado ou não tinham querido me avisar... Nem cheguei a entrar no apartamento, porque já estavam de saída, então descemos para a garagem e eu... bem, eu fiquei na calçada, na porta da garagem, vendo partirem para o casório... Não consegui conter as lágrimas, fiquei parada chorando, até o carro sumir, chorando, chorando... Foi ali que eu resolvi fazer terapia, porque foi muito, muito duro aguentar... Acaba que, lá, na hora em que cheguei, disfarcei tanto, tentei não demonstrar, não fiz nada para não ser desmancha-prazeres, mas meu filho percebeu minha decepção. Mas na hora eu não disse nada. Quando voltei para casa, mandei um e-mail para ele, dizendo que entendia que eu não tinha mais tanto espaço na vida dele agora que estava casado, que entendia que minha nora não se furtasse a pedir ajuda sempre (desde que eles nasceram, eu durmo lá, quando eles querem sair para passear, mesmo tendo uma babá ótima, mas não gostam de deixar só com ela, então eu vou, durmo, deixo meu marido sozinho em casa, acordo a noite toda, são duas crianças pequenas, né, e no dia seguinte vou para o meu trabalho)... Sempre ajudei no que pediram, nunca cobrei nada, mas vê-los saindo juntos no carro, eu tendo deixado tão claro que queria acompanhar o evento! Concluí que eles propositalmente não me tinham avisado, e foi mesmo, ele não desmentiu, para mim foi demais, escrevi tudinho: que tinha ficado muito triste, que chorara muito etc. A resposta dele sabe qual foi? 'deixe de ser boba, mamãe!' Nem ligou para os meus sentimentos e ainda desmereceu o que eu senti... Essas coisas magoam muito. Não é fácil..."

(L.F.G., 57 anos, casada em segundas núpcias, dois filhos adultos, dois netos.)

Bem, então, se não quer que lhe aconteça o que aconteceu no depoimento acima, *E-DU-QUE* seu filho de forma que, entre outras competências e habilidades, também saiba dar o que o outro necessita, aprenda a ser grato e generoso com os que são generosos com ele, aprenda a compartilhar — não me refiro ao "compartilhar" do *Facebook!*, mas ao compartilhamento real e genuíno que se tem com as pessoas que merecem nosso carinho, que nos deram e dão amor e que também precisam receber, por sua vez, um pouquinho do que nos ofertaram por toda uma vida.

Não é apenas, porém, o que os pais ensinam que prepondera no comportamento adulto dos filhos. Há outros fatores, como o genético e o social, por exemplo. Atualmente, temos ainda a influência marcante das mídias.

Quanto mais jovem, mais a criança se influencia pelos pais ou por quem cuida dela. Se no passado essa influência era a mais importante, com as novas mídias quem cuida de crianças tem que lutar por espaço — até porque os pais estão mais ausentes de casa e a influência externa começa cada vez mais cedo nos lares. Além disso, quem foi criado com muita mordomia tem tendência a "facilitar a vida", como se observa claramente nos jovens pais de hoje.

Quero dizer, se a criança fica comportadinha e não chateia, muitos pais não se importam que seja porque o pimpolho está hipnotizado diante do computador, *tablet* ou tevê — ainda que saibam e tenham sido alertados pelo pediatra a não permiti-lo. Afinal, estão acostumados a fazer o que lhes dá prazer. Por que então batalhar para que a criança aceite desligar as engenhocas, se, dessa maneira, podem ver a novela todinha sem interrupções? Então tem muita gente que manda às favas o que seria fundamental nos primeiros anos de vida dos filhos — porque, e aqui também, o importante é ser feliz e já, agora!

Se você quer influenciar de fato a formação dos seus filhos, é importante saber que é nos sete primeiros anos de vida que nós, pais, temos poder de influenciar decisivamente os filhos. Somente nesse período pode-se afirmar que o peso da atitude e dos ensinamentos que transmitimos *tem mais força do que outras influências* — e que o que a criança aprende nesses anos iniciais é que irá formar a base, a estrutura, o arcabouço do comportamento futuro dela. É essa a hora, portanto, de aproveitar!

Quer dar formação ética? Não espere que ela entre na adolescência, nem na pré-adolescência.

Quem não aproveita essa fase precisa saber que, à medida que crescem, os filhos vão se distanciando da imagem idealizada com que olhavam os pais até então. E é essa idealização, esse modo de encarar os pais, como super-heróis, que nos dá tanto poder junto a eles.

Se, durante esse precioso tempo, seu filho aprender que é o centro do universo, que pode fazer tudo com todo mundo, se essa for a lição mais importante que ele receber, é extremamente provável que assim ele será. Somos em grande parte o que nos ensinam a ser e o que acreditam que nós podemos ser. Se você não acredita que seu filho possa vir a ser generoso, solidário e grato, ele provavelmente não será.

E prepare-se para ser a primeira vítima do que o tiver ensinado a ser! Se não acredita, então leia o depoimento abaixo:

> *"Eu dei muita assistência a meus pais, mesmo trabalhando fora sempre... Bem, minha mãe, por ela, queria ficar grudada em mim 24 horas por dia, éramos só eu e meu irmão, e filha é sempre mais grudada com mãe; além disso, ela queria fazer tudo o que eu fazia, e não dava no final, porque ela estava doente. Mas, assim mesmo, levei mamãe e papai para viajar comigo, ela já estava com sérios problemas cardíacos, operada e numa cadeira de rodas. Todo mundo dizia 'você é louca!'. Mas*

eu levei, porque ela queria muito e ficou feliz com isso... Foi um sufoco, mas eu quis fazer. Mesmo assim, ela sempre achava pouco e queria que eu ficasse em função dela o tempo todo. Depois que ela faleceu, trouxe meu pai para morar comigo. Ele está aqui até hoje, jamais deixaria ele sozinho. Às vezes penso como seria se eu ficasse sem meu marido, sozinha... Com a minha nora eu não gostaria de morar, com a minha filha sei que não daria certo. Mas isso é o que eu penso... Agora, se eles iriam querer que eu fosse morar com eles para me proteger ou cuidar de mim como estou fazendo com meu pai, não sei. Talvez a minha filha quisesse, mas muito mais por ela do que por mim, porque hoje, quando o marido dela viaja, ela quer que eu vá dormir lá, porque ela tem medo disso e daquilo, é muito insegura. Talvez ela quisesse só por ver que seria bom para ela... Agora, caso eu estivesse precisando dela, não sei se ela iria querer me amparar. Nesse momento não sei dizer..."

(M.B.R., 56 anos, casada, aposentada, dois filhos casados, dois netos.)

Parece estranho? Não creio... Quase todos os depoimentos referiram "filhos permanentemente ocupados com sua própria vida", como se isso não incluísse os pais de terceira idade. Se não têm tempo para uma visita por mês, como terão tempo e vontade de cuidar todo o tempo, caso os pais precisem? Não desenvolveram a percepção do outro, talvez nem venham a perceber a necessidade... Veja:

"Hoje fiquei perplexa ao acordar. Sabia que teríamos esse encontro, então fiquei pensando, pensando... Lembrei-me de várias coisas... Por exemplo, que já faz cinco anos que meu filho casou e que, nesses anos todos, só duas vezes ele veio aqui em casa sem que eu convidasse para um jantar ou para um lanche. E, nessas duas vezes, ele veio com meu netinho, porque minha nora tinha viajado a trabalho, e daí ele ficou meio sem saber como lidar com a situação. Ah, era folga da babá, senão ele nem vinha. Só nessas duas vezes. E ficou claro para mim que ele tinha vindo para facilitar a vida dele. Tanto que chegou e meia hora depois foi pro quarto e dormiu... Bem, gostei assim mesmo... Mas já estive doente nesses anos, nada que eu precisasse de assistência dele; graças a Deus tenho um companheiro maravilhoso, mas teria gostado que ele pelo menos nessas duas ocasiões — sabendo que eu estava de cama e que tinha ido parar no hospital de madrugada — tivesse dado um telefonema ou feito uma visita... Não, não deu, não. Acredita? Ele falou com o padrasto porque telefonou para resolver coisas que estavam pendentes entre eles, mas quem fez a ligação foi o meu marido, padrasto dele. Quer dizer, aproveitando que já estavam se falando, ele perguntou se eu estava melhor. Mas não pediu para falar comigo, não mandou um beijo, nada! Fiquei três dias arrasada, deprimi mesmo! Depois chutei o balde, porque não ia azedar... Mas a dor, lá no fundo do coração, ficou — acho que pra sempre..."

(L.G., 65 anos, casada em segundas núpcias, arquiteta, aposentada, um filho, um neto.)

Não por acaso vem circulando pela internet o seguinte:

> - **Secretária eletrônica de Avó... (ótima!)**
>
> "Bom dia! No momento não estou em casa, mas, por favor, deixe a sua mensagem depois de ouvir o sinal:
>
> — Se é um dos meus filhos, disque **1**
> — Se precisa que fique com as crianças, disque **2**
> — Se quer o carro emprestado, disque **3**
> — Se quer que eu lave e passe a roupa, disque **4**
> — Se quer que as crianças durmam aqui em casa, disque **5**
> — Se quer que eu busque na escola, disque **6**
> — Se quer que eu prepare uns bolinhos para domingo, disque **7**
> — Se querem vir comer aqui em casa, disque **8**
> — Se precisa de dinheiro, disque **9**
>
> — **Se é um dos meus amigos, pode falar!"**

Não pode ter surgido do nada, pode?

Por outro lado, as coisas não precisam ser assim necessariamente, porque educar respeitando características e necessidades individuais e pessoais é maravilhoso. É algo de que você se beneficiou graças a seus próprios pais — e que, portanto, não deve deixar também de legar a seus filhos. *E esse foi o legado maravilhoso dos* Boomers.

No entanto, se, além disso, você deixar de lado o exagero que ocorreu — sobre o qual já tanto falamos aqui (*e esse foi o legado obscuro que seus pais deixaram*) — e souber dosar bem o respeito às necessidades[46] da criança com o respeito às necessidades dos outros, terá um resultado muito melhor do que os seus pais obtiveram: seus filhos poderão escolher a vida que quiserem, a companhia que preferirem, sentir-se-ão respeitados e felizes, coisa que todo pai gosta de saber que conseguiu propiciar. Mas terá feito com que as gerações que estão sendo educadas hoje (Z e A) consigam pensar, ser generosas e trabalhar pela felicidade e alegria *dos demais também*: a começar por você, pelos seus pais, seu companheiro e irmãos.

Não é tudo de bom?

---

[46] Saiba diferenciar necessidades de desejos! Se lhe interessar, sugiro que leia *Limites sem trauma*, onde trato essa questão.

4. Autoestima baixa: Deus livre nossos filhos disso!

Quando você era bebê, a Psicanálise entrou em alta e acabou "virando moda" entre intelectuais e entre pessoas de maior poder aquisitivo. Antes da Segunda Guerra, tratamentos ligados à mente eram vistos com desconfiança até entre pessoas com bom nível cultural e educacional. Entre os menos cultos, então, eram "coisa para doido". De fato, o preconceito era grande — até a ideia que se fazia da loucura era totalmente distorcida. Louco era quem pensava ser Napoleão Bonaparte, vivia com a mão enfiada no casaco e outras caricaturas semelhantes. Parentes tratavam de esconder, e bem escondido, qualquer tipo de desequilíbrio emocional que afetasse algum membro da família, com medo de que amigos, vizinhos e colegas descobrissem e discriminassem a todos, já vistos como loucos em potencial. Tempos difíceis para quem tivesse até mesmo algum tipo de depressão leve, por exemplo. Com a divulgação do tratamento psicanalítico, esses preconceitos foram aos poucos se tornando menos radicais e muitos até caíram por terra. E o mundo assistiu ao surgimento de uma legião de fãs "apaixonados" por Freud, suas teorias e discípulos. Com o passar dos anos, o tratamento caríssimo, acessível a poucos, foi barateando e novos grupos de profissionais foram se formando. No início, só médicos psiquiatras podiam exercer a especialidade, e levavam anos em formação até serem considerados aptos a tratar a mente e as emoções humanas. Com mais profissionais no mercado, o tratamento foi ficando acessível a grupos menos abonados financeiramente, o que ajudou a disseminar ainda mais algumas das ideias e teorias freudianas e, depois, as de seus discípulos também.

Em poucas décadas, Freud tornou-se um dos mais conhecidos e reverenciados nomes do século XX. Provavelmente nem ele próprio poderia supor o quanto influenciaria toda uma legião de pessoas, que se transformaram em ardorosas defensoras de suas ideias.

O sucesso do tratamento foi de tal ordem que, a seguir, se começou a permitir que outros profissionais de nível superior se habilitassem, como os psicólogos, por exemplo. Além disso, independentemente das correntes a favor e contra de então, a divulgação dos conceitos da área no mundo leigo se tornou maior e o número de pessoas que passaram a frequentar consultórios de terapia cresceu. Os segredos, sofrimentos e dificuldades da alma humana se tornaram pouco a pouco familiares à grande parte dos leigos, embora, evidentemente, sem profundidade. Aos poucos, os jargões e termos técnicos da área foram sendo incorporados à linguagem do dia a dia. Chegou-se a mudar a forma de falar! Por exemplo:

hoje em dia poucos ainda usam os termos *aborrecido* ou *chateado* quando algo não corre como desejado — usa-se dizer *frustrado*! Se uma pessoa age de forma inusitada ou fora dos padrões, e alguém quer desculpar ou explicar a conduta estranha, diz *"ah, coitado, também ele tem trauma de infância"*. Brincadeiras e exageros à parte, a verdade é que conceitos e construtos restritos a estudiosos e a consultórios de profissionais altamente especializados tornaram-se quase de domínio público. Um pouco mais tarde, profissionais de outras formações como filósofos, assistentes sociais e, por fim, qualquer profissional de nível superior, puderam fazer cursos de formação e entrar no mercado. Em consequência, o tratamento se tornou ainda mais acessível — a velha Lei da Oferta e da Procura em ação aí de novo! — e quem antes nem poderia pensar em "apoio psicológico" começou a fazer terapia. Havia até quem desprezasse os "não analisados". Inicialmente nas classes A e B, e depois na classe média também, as pessoas disputavam quem tinha mais tempo de análise! Além disso, a tevê, o cinema, os jornais e as revistas, bem como os programas voltados para o público feminino, "ajudaram" bastante nesse sentido, fazendo chegar aos ouvidos da população a problemática freudiana. Claro está que essa divulgação, evidentemente superficial, fez com que muitos conceitos essenciais fossem mal compreendidos, distorcidos e mal interpretados, e usados indevidamente.

E foi assim que, depois de algumas décadas, a Psicologia (nem sempre bem interpretada) invadiu casas e em seguida escolas, povoando-as com novos personagens, como complexo de superioridade, de inferioridade, Édipo, Electra, trauma, frustração, autoestima, estresse...

Influenciados pelos conceitos psicanalíticos, corretos ou não, os jovens dos anos 1970 (e posteriormente também) tiveram seus filhos, e essa paixão por Édipo, Jung, Freud, Florais de Bach, o inconsciente e os meandros da mente humana fez com que esses novos pais começassem a se preocupar — e muito — com a *"psique"*[47] dos seus filhos. E esse foco, que antes nunca havia sido considerado em relação a eles, promoveu uma grande mudança na relação.

Antes do "sucesso de Freud", pai algum tinha problema em ralhar com filhos respondões ou levados da breca; nem em castigar, caso fizessem coisas inadequadas; nem em exigir respeito e obediência. Os pais também não tinham prurido algum em indicar caminhos, proibir comportamentos considerados inaceitáveis na família — e fora dela também; tampouco se preocupavam se o filho se sentiria estressado ao estabelecerem — e exigirem — a nota mínima considerada aceitável para os boletins escolares (e ai de quem não cumprisse a meta!). Mandar os filhos se calarem ou fazer com que saíssem da sala

---

[47] O termo pode ser usado também na forma oxítona, *psiquê*, significa alma, espírito, mente, em oposição a corpo, matéria.

porque havia assuntos "de adultos" a serem tratados era totalmente normal. E — incrível! — era *líquido e certo* os filhos obedecerem! E de primeira!

Depois que souberam da existência dos *traumas* e *frustrações*, os leigos apaixonados pela Psicanálise trataram de ler tudo o que lhes caía nas mãos a respeito, quase sempre em revistas para leigos, o que ajudou muito a aprofundar as distorções. E os medos. Termos como sublimação, racionalização e outros passaram a fazer parte das conversas — e dos receios desses pais. E assim, após cada novo artigo leigo, após cada filme de diretores com viés psicológico, mais e mais gente passou a se sentir "psicólogo desde criancinha"... Canso de ver gente exercendo convictamente a função de "psicólogo de botequim": tem algum verniz no assunto, mas seu conhecimento evidentemente não resiste a qualquer mínimo aprofundamento. Assim, consegue, com suas frases de efeito, assustar muitos pais que, desprevenidos e fragilizados pelo amor aos filhos, começaram a ficar inseguros em relação a suas atitudes com eles.

A naturalidade com que os pais atuavam começou a se dissolver, corroída pelo medo de "causar problemas emocionais" aos filhos — tal qual liam nas revistas ou viam suceder em filmes e novelas. *Filhos castrados pela repressão ou revoltados porque reprimidos!* Nossa! Como isso dá medo em quem quer o melhor para os filhos! Quem, em sã consciência, quer causar problemas em quem ama? E, a julgar pelo que se via, ouvia e lia — e pelo que se continua vendo, ouvindo e lendo — tudo dá problemas!

E o que mais se ouvia nos anos 1970 e 80 era crítica pesada em relação à questão dos limites educacionais. Cansei de ouvir (e ainda ouço!) profissionais bem considerados dizerem em alto e bom som que a escola é "castradora", que a família poda a criatividade das crianças quando os pais as criticam por desenhar na parede da sala, por exemplo!

Então, com esses pseudoconhecimentos na algibeira, cada atitude das crianças passou a ser decomposta e analisada, comentada e discutida. Vizinhos, avós e amigos também davam (e continuam a dar) seus palpites pseudopsicanalíticos, alimentando o medo irracional e desmedido de "causar" problemas nos filhos.

Quem não assistiu ou ainda assiste a dezenas de filmes dissecando aspectos psicológicos de *serial killers*, assassinos e até dos apenas neuróticos? Todos temos curiosidade sobre nossos sentimentos, emoções, comportamentos. O que gera essa ou aquela conduta? Todos querem se conhecer melhor, entender quais são as suas motivações — e a dos outros. É natural. No entanto, ninguém vive num consultório 24 horas por dia — ainda mais não tendo consultório nem sendo terapeuta!

Junte tudo isso com a nova proposta de relacionamento entre pais e filhos (mais livre e sem hierarquias) e de educar (conversando, dialogando, pedindo) que os pais estavam, na época, começando a usar e que já não estava dando certo, e avalie como essa nova e pretensa capacidade (ser "psicólogo" dos próprios filhos[48]) veio a complicar o quadro.

A cada nova leitura e divulgação de outros e mais outros "problemas emocionais" nas revistas e programas de tevê, mais medo na família. E assim foram se sucedendo, um a um, fantasmas e mais fantasmas na cabeça sofrida dos pais: primeiro foi o complexo de Édipo; depois o complexo de inferioridade e o de superioridade; a fixação na fase oral; a frustração; o trauma; a baixa autoestima.

Nossa! Num determinado momento do processo, os pais acabaram se sentindo completamente incapazes de dar um passo sequer sem ajuda de "especialistas". Foi assim que surgiu o que hoje chamam de "terceirização da educação na família". Com medo de errar e inseguros, o que fizeram os pais? Nada. Ficaram completamente sem ação. De pés e mãos atados! Se falassem baixo, os filhos não ouviam. Se falassem alto ou dessem um grito, dava trauma! *Faz-se o que, então?* Perguntavam-se interiormente os pais, para não dar bandeira de que estavam completamente perdidos.

Os que achavam tudo isso despropositado e sem fundamento tinham receio de expor suas ideias e serem

---
[48] Segundo a teoria psicanalítica, o terapeuta jamais pode analisar pessoas da própria família.

tachados de antiquados ou retrógrados.
A pressão era, e continua sendo, muito grande.

Foi por essa razão que, em 1989, comecei o estudo a que já me referi anteriormente, entrevistando pais e mães de várias faixas de renda e diferentes níveis educacionais para verificar o que estava mudando e ocorrendo na educação familiar. Os resultados publicados no livro *Sem padecer no paraíso* foram os primeiros a ir contra o *psicologismo na educação*,[49] denominação que utilizo para designar a excessiva e deturpada influência da Psicologia na área da Educação, duas áreas que têm objetivos diversos. Infelizmente a questão perdura.

Bem, o que pode um pai fazer, se tudo dá problema?

Castigo não pode; "botar para pensar na cadeirinha", admitido e incentivado, pode, mas não funciona; bater — nem pensar; gritar também não pode mais! Então, o que pode? O que sobra para eu fazer, perguntam-se, atônitos, os pais. Nada?! Resta o diálogo. Mas a prática nega isso, falo mil vezes e não adianta! Sou um incompetente, sou eu o problema?

---

[49] Tendência (frequentemente considerada equivocada no pensamento moderno) para a consideração da psicologia como uma ciência capaz de absorver, fundar e sintetizar o conhecimento filosófico em seus diversos matizes e disciplinas; termo ou conceito da psicologia, especialmente quando é usado num contexto não técnico (*Dicionário Houaiss*, 2009).

É mesmo! — Parecem concordar a sociedade e o mundo.

E continua a saga... Se colocar de castigo, pode deixar a pobre criancinha com baixa autoestima. Se der bronca, que perigo, pode começar desde já a fazer poupança, porque vai ter tratamento para anos a fio, dizem vizinhos e parentes consternados com a ineficiência parental!

Se o filho for mais agarrado com a mãe, é complexo de Édipo!

E mais o quê? Que desassossego!

O que fazer, então? Melhor ficar parado, não fazer nem falar nada! Saída para o medo de errar, de causar problemas. Para muitos pais, ficar imobilizado foi a opção. Afinal, quem é que quer causar trauma no próprio filho (em se tratando de pessoas ditas normais, claro)?

Então, o pai se encolhe e espera que seu filho seja legal, confiando em Deus ou no destino.

E assim, de repente, as crianças de então (você, seus amigos, seus colegas de classe), pela primeira vez na história das famílias, começaram a descobrir que podiam fazer tudo que quisessem — ou *quase* tudo. Não em todas as casas, é claro, que generalizações são sempre perigosas, mas com certeza em grande parte delas. E assim ficou muito, mas muito mais difícil educar.

Agora você é o pai. Seus pais passaram por todos esses receios e dificuldades. O momento deve ser de revisão, a meu ver De você para seus filhos. Sem dúvida, houve ganhos. Mas também perdas importantes. Que podem ser sanadas — se você quiser.

Os ganhos já foram descritos, mas qual é a parte negativa? Levar em consideração aspectos psicológicos das crianças *não deveria ser um efeito negativo*. No entanto, acabou sendo. Por quê? Porque houve muito exagero. Tanto que muitos pais deixaram de lado as metas que historicamente sempre foram tarefas desempenhadas pela família. O medo de causar problemas emocionais imobilizou a ação parental em suas funções socialmente mais importantes: <u>a socialização básica e a formação de valores</u>.

Vou dar um exemplo concreto que vi ocorrer um sem-número de vezes: numa festa de aniversário, crianças pegando dezenas de docinhos e brindes e deixando outras a ver navios, sob o beneplácito (por vezes, sob o incentivo direto) dos pais, que evitam agir para que o filho não fique "atrás" das outras crianças.

Ou seja, em vez de ensinar a dividir e a respeitar o direito das outras crianças, pai e mãe optam pela imobilidade por considerar que *"todos fazem isso, então não quero que meu filho seja um bobão, enquanto os outros passam a perna nele, que aprendeu a respeitar"*.

Pode até parecer justo a você que está passando agora pela mesma situação; mas pense: *Em que tipo de mundo você quer que seu filho viva no futuro?* Num em que todos agem como inimigos, com desconfiança, ou em outro, rnais humanizado e feliz, em que o respeito e o direito de todos prevaleçam?

Tenho certeza de que você prefere o segundo modelo. Mas também creio que deve estar pensando *"mas, se os outros não fazem isso, por que só eu vou fazer?"* Porque, posso lhe afiançar, a maioria das pessoas quer um mundo mais justo. Só que, em cada um que alimenta essa esperança, também existe a velha tendência à inação, à imobilidade e à desconfiança, que faz com que, cada um de nós, espere que o outro *mostre primeiro* que é diferente dos demais. Ou em outras palavras: cada um fica esperando que o outro mostre primeiro que é igual a você, uma pessoa íntegra, de boas intenções e crenças, melhor, muito melhor do que aquelas que só querem e buscam "se dar bem" — ainda que à custa de outros.

Sim, acredito mesmo que você e muitos outros são realmente bem-intencionados e éticos. Mas, se todos temem começar, se todos hesitam em ser os primeiros, ou se todos temem frustrar os filhos, como será o futuro? Pior do que está hoje. Pode ter certeza.

É, portanto, uma opção e uma decisão. E, como em todas as decisões, envolve insegurança, porque sempre que fazemos uma escolha, fazemos sem saber com certeza se atingiremos o que buscamos. Há risco em sair da confortável imobilidade. A situação de hoje é conhecida — e não parece tão má assim. Afinal, seu filho é pequeno e tão legal! Então por que brigar com a vida? Ou com ele? Melhor ficar com o que tenho. Sim, poucos são os que preferem o desconhecido ao conhecido.

Só que, ao contrário do que se pensa, as crianças não nascem prontas. Elas *precisam* ser orientadas. Não se pode apenas sentar e esperar para ver no que vai dar, simplesmente porque hoje nossos filhos parecem tão legais.

> *Como explicar a crescente violência entre jovens? E o bullying, o cyberbullying e o mobilebullying?*
>
> *E a taxa de suicídio crescente entre jovens e adolescentes?*
>
> *E gravidez de meninas de 10, 12 anos?*
>
> *E os estupros, que vêm aumentando até nos países de Primeiro Mundo?*

Certamente você não deseja que seu filho seja molestado por nenhum desses problemas. Então deixe de lado o psicologismo, a acomodação e o conforto da imobilidade. E *comece a agir*. Se você der o primeiro passo (se todos, aliás, acreditarem que estão dando o primeiro passo), estará agindo em prol de um futuro menos violento e mais feliz. E, sabe, eu acredito muitíssimo que já estamos vivendo uma era melhor do que no passado. Houve época em que sair de uma cidade para ir a outra era sério risco de vida. Daí porque quase todas as cidades eram cercadas de altos e grossos muros... Também houve um tempo em que os donos de terras, os aristocratas, os nobres, enfim, as pessoas que tinham tido a sorte de nascer no seio de uma família poderosa, tinham *direito de vida e morte* sobre os menos afortunados. Hoje, ainda que a justiça não seja como deveria, ao menos se tem a quem recorrer. E, mesmo que você diga *"Ah, mas coitado de quem precisa enfrentar ou mover um processo"*, reafirmo que, ainda assim, estamos à frente de outros terríveis tempos. Há pouco, muito pouco tempo, mulheres não podiam nem votar! Trabalhar fora, estudar, se separar ou decidir não casar, nada disso era possível. Ainda temos, sim, desigualdades enormes no mundo e mesmo em nosso país. Ainda morrem centenas de crianças de fome, infecções etc. — coisas básicas que o homem já devia ter vencido. Mas já foi *muito pior*. *Todos* podiam ser violados em seus direitos. Todos podiam ser massacrados por quem detivesse o poder, fosse dono da gleba ou um príncipe! Ou o donatário de uma capitania aqui mesmo no Brasil... Lembra-se das aulas de História?

O que quero afinal dizer com tudo isso? Já vai entender.

Se cada pai, em sua casa, continuar esperando o outro pai começar a educar *primeiro*, nada mudará

Escolha! Não fique imobilizado pelo medo e pela insegurança em relação aos outros... Acredite! Existem milhares de pais exatamente como você, como nós! Que queremos um mundo melhor para nossos filhos e netos.

O medo de causar problemas aos filhos, derivado da onda de psicologismo, enalteceu e superestimou a autoestima elevada,[50] levando os pais a agir de modo a garantir que seus filhos tivessem essa desejada forma de se ver. Começaram, pois, a evitar críticas, supondo que, por mínimas que fossem, trariam em consequência a temida baixa autoestima. Não que o conceito não tenha fundamento, mas claro que é exagero supor que as pessoas não podem suportar uma crítica necessária e justa — que leva ao crescimento e aperfeiçoamento pessoal.

E assim, ao contrário do que acontecera com eles (vimos que os seus avós corrigiam e reprimiam sem problema os erros e as atitudes inadequadas dos seus pais), não apenas pararam quase totalmente de cuidar para que atitudes inadequadas não se repetissem, como silenciaram a respeito delas, passando a elogiar sempre — e muitas vezes de forma exagerada — qualquer desenho, boletim, trabalho escolar que os filhos fizessem — o que continua ocorrendo com a nova geração de pais, agora porque você e seus colegas só aprenderam a gostar de elogios e a querer mais e mais elogios. Críticas quase sempre são interpretadas como falta de amor, desestímulo, "*humilhação*", termo muito utilizado quando lhes fazem qualquer apreciação não abonadora.

---

[50] Vários artigos e estudos de Psicologia comprovaram que pessoas com baixa autoestima têm menos chance de sucesso nas vidas profissional e afetiva.

Quando seus pais eram criancinhas

- Estudar era obrigação, senão vinha bronca da pesada.
- Tirar notas boas na escola era o que minimamente os filhos tinham que fazer.
- Respeitar os mais velhos não era nem discutido.
- Ter bons modos em sociedade idem.

Se esse tipo de expectativa de comportamento trouxesse consequências negativas ou problemas sérios, *eles não teriam sido a geração que lutou, com desenvoltura e coragem, para mudar o mundo...* Concorda?

E mais ainda: seus avós, ao educar, usaram com frequência sanções e castigos (espancamento ou qualquer tipo de violência concreta não está incluído no que estamos referindo) e, apesar disso, seus pais não foram a geração que mudou o mundo? Não se tornaram submissos nem fracos, concorda?

No entanto, contaminados pela ideia de que elogiando sempre, por qualquer razão e mesmo sem qualquer motivo, estariam "fortalecendo" a autoestima dos filhos e evitando "complexo de inferioridade" ou baixa autoestima, qualquer desenhinho tosco ou rabisco, por pior que fosse, passou (e continua hoje) à condição de obra de arte. Tudo tinha — e tem — que ser elogiado, mostrado a parentes e vizinhos para "incentivar" a criatividade e evitar "podar" ou inibir um possível *Van Gogh* renascido!

Engraçado é ver que em cada casa, hoje, há sempre um grande gênio em potencial, ou dois (a média de filhos no Brasil hoje é de 1,9 por casal)!

Da mesma forma, começou-se a supor que, se a criança perdesse um jogo, se não fosse *sempre* vencedora no tênis ou no campeonato de futebol, ia ter problemas sérios de autoestima e... Adeus, futuro!

Em suma: os pais se tornaram incapazes de ter uma atuação *verdadeiramente crítica quanto à atuação dos filhos*. O que, aliás, continua hoje, até exacerbado. Verdade! Cada pai acha que seu filho é pelo menos gênio! Isso faz parte de quem tem ego inflado: filho inteligente é pouco; pai incrível tem que ter filhos minimamente sensacionais! E as escolas que tomem cuidado se não reconhecerem a genialidade — e rapidinho!

Se um pai, que trabalha fora todo o dia, há três décadas, não pudesse comparecer à festa do Dia dos Pais na escola do filho ou ao balé da filha, paciência. A mãe ia. Ou a vovó. Alguém ia. A madrinha. Quem pudesse. E os pais apenas explicavam ao filho por que não poderiam ir. E pronto. A criança podia até ficar um pouco triste no início (não é trauma!), mas, por outro lado, começava dessa forma a compreender a realidade da vida lá fora.

Num segundo momento, o problema começou a se refletir também nas escolas, que muito vêm sofrendo com essa interpretação equivocada. Os pais começaram a reclamar e questionar tudo o que a escola planejasse ou fizesse, reflexo da insegurança que os acometeu. Até datas festivas, como a homenagem que as escolas faziam no Dia dos Pais ou das Mães, entraram no rol das reclamações. *Afinal,* perguntam esses pais contaminados pelo psicologismo, *e se a criança não tem pai, como fica?* Essa é outra face da superproteção, querer tapar o sol com a peneira, achando que a criança não é capaz de entender a realidade da vida e do mundo. Mas não é essa a realidade de quem não tem pai? Algumas escolas, para evitar problemas, aboliram a comemoração. Outras inventaram, em substituição, o Dia da Família... Único jeito que encontraram para superar o problema que se criou. E aí, como consequência, seu filho não homenageia você, porque o amigo dele é órfão ou filho de pais separados que não se falam. Louvável? Aparentemente. Como assim, aparentemente? É que ele não deixou de ser órfão ou de ter pais separados, ou um pai sumido. E os pais que estão lá todos os dias? Deixaram de merecer homenagem? O que se está fazendo, em vez de fortalecer a autoestima, é criar adultos fragilizados, superprotegidos e, aí sim, <u>sem defesas diante da realidade da vida e dos problemas</u> que todos nós, mais cedo ou mais tarde, teremos. Ninguém passa pela vida sem frustrações, sem derrotas e sem perdas afetivas, profissionais e pessoais.

Quais são os frutos dessa inapropriada concepção de que as crianças são de vidro e quebram com a maior facilidade?

Primeiramente criou-se um mundo fantástico (e inexistente), onde cada criança é um pequeno rei, uma princesa ou rainha. Plenos de poderes e qualidades incríveis e incomparáveis, tal o nível de exacerbação que pais e familiares (e ai dos familiares que não compartilhem as infindáveis palmas e estimulações ao ego infantil!) tecem a cada pequena realização, a criança — que, na maioria dos casos, é *normal* e não superdotada — começa a acreditar que realmente ela é *apenas o máximo*. Ou seja, cria-se uma fantasia, um mundo que não existe, composto somente de pequenos gênios, com vitórias e superdesempenhos que devem receber muuuuitos elogios! E sempre.

Está aí uma das razões por que tantos hoje se consideram "perseguidos" no trabalho e na escola! Basta, afinal, que não se promova o empregado na hora em que ele desejava; ou que, acreditando ser o portento que seus familiares o fizeram acreditar ser, não ter ganhado o prêmio de melhor aluno, ou não ter passado no pré-vestibular, anos mais tarde! Como pode ocorrer uma coisa dessas com um pequeno gênio, afiançado pelos pais e por todos que o cercam? O "reizinho" sente-se traído pelo mundo e pela sociedade. Se de fato merecia o prêmio ou promoção cobiçados, se lutou por ele ou se quem venceu era mais capacitado, nada disso importa, nem entra em consideração. Por quê?

Porque cresce incapacitado para
uma análise crítica pessoal isenta.

E assim, em vez de lograr que os filhos tenham autoestima elevada, consegue-se apenas *fragilizar* os jovens e adultos que virão.

Pode parecer exagero, mas não é; as consequências sociais estão assomando somente agora, neste exato momento. Garanto que você se sente muito mal se não estiver com tempo ou paciência para ouvir tudo o que seu filhote lhe diz, todas (e bota todas nisso...) as vezes que ele o chama para mostrar um novo desenho, um lance de futebol no jogo, ou um genial e incrível passe que na última partida de futebol no colégio... Mas o que esperar? Tanta demonstração infindável advém disso que estão aprendendo: são simplesmente o máximo! E por isso "*se acham*"! E quem se acha tudo de bom, quem acha que tudo lhe é devido, tem reações como a do depoimento abaixo. Pense se é assim que quer que seu filho trate quando crescer.

> *"Quando meu filho se formou, quis dar uma festança em comemoração. Eu não concordava, mas ele tanto queria que minha mulher acabou me convencendo. Afinal, ela me dizia, tinha feito toda a faculdade na melhor universidade pública, sempre fora um ótimo estudante e tal e coisa — então acabei concordando. Depois a coisa começou a crescer e no final as despesas já tinham ultrapassado o que pensávamos gastar, mas ainda assim fomos contemporizando. A única coisa que pedi foi que não tocasse funk, porque detesto. Só eu não, meus convidados e toda a família também! Além disso,*

os avós dele estariam presentes, já são velhinhos, não iam suportar o bate-bate e o barulho... Quando falei, ele fez cara feia, mas acabou concordando — a contragosto. Só que na hora começou a tocar. Pensei que fosse uma ou duas músicas só, daí esperei, mas, passados quase trinta minutos, nada de parar... A meninada fazia aqueles passos, sabe, jogava-se no chão, fazia o tal trenzinho, os convidados olhavam horrorizados (como eu previa), e o som incomodando a mais não poder. Chamei-o num canto e lembrei o que combinamos. Ele me disse na caradura que não ia mandar parar, porque os amigos dele gostavam! Argumentei que os mais velhos estavam incomodados e começando a ir embora, sem nem terem jantado! Que estava tudo pago por pessoa e que era um absurdo não respeitar os convidados. Como ele não cedia, eu disse que se ele não cumprisse o combinado eu iria embora. Ele respondeu na hora e na bucha: pode ir! Apontando a porta com as duas mãos, num gesto que me gelou... Isso já passou e tudo bem, mas foi horrível, um choque; perdoei, mas esquecer, no meu coração, lá no fundo, acho que a decepção foi tão grande, jamais vou esquecer. Me senti descartável. E descartado pelo próprio filho, a quem dei tudo — inclusive o carro que ele queria e a festa que eu não queria! Tipo usou e jogou fora depois, sabe? Me peguei pensando que o meu erro foi ter feito o que eu não queria, porque ele queria. E gastei uma nota preta! E ele me agradeceu assim, entende? Deixando claro que

> *a música que os amigos queriam era mais importante do que a presença do pai!"*

(J.J.S., empresário, casado, 66 anos, dois filhos casados.)

É preciso saber a diferença entre ter autoestima elevada e não ter o mínimo de consideração. Esta última competência se aprende. Mas é preciso ensinar. Os *Boomers*, bem como o pai do exemplo, achavam que os filhos <u>entenderiam</u> seus sentimentos e expectativas. O tempo mostrou que não. Até gratidão e respeito devem ser trabalhados, porque nem todos os têm naturalmente. O pai, por educação e gentileza, não quis impor sua autoridade, nem cobrar o que estava lhe propiciando. Demorou a entender seu erro. Mas parece que, nesse caso, um pouco tarde.

> *Ensine a seu filho que nem tudo que recebe dos pais, dos companheiros, dos amigos, da vida, enfim, lhe é devido. E nem é para sempre. Muito do que temos é conquistado dia a dia através de atitudes de reciprocidade, reconhecimento, respeito mútuo e afeto.*

Depois foram os professores que começaram a ser pressionados, coitados! Nem corrigir os trabalhinhos dos alunos em paz podiam mais! Era pressão daqui e dali para "tomar cuidado" com a criancinha, e até para não corrigir com caneta vermelha (poderia dar trauma, segundo alguns!) o que o aluno escrevera de forma errada! Sim, e muito pai acreditou — e outros tantos ainda acreditam

– que as correções com caneta vermelha "magoam" as crianças, minam sua autoconfiança e as desestimulam de aprender... E é por isso que, hoje, encontramos profissionais no mercado de trabalho, que não sabem interpretar um gráfico ou seguir regras básicas para elaborar um relatório... Porque o aluno, tendo aprendido ou não, tem que ser aprovado, incensado, admirado e elogiado. Caso contrário, *"pode ficar com problemas emocionais"*. Gente! Onde estão os fundamentos, os estudos de campo que comprovaram essa teoria? Há muita diferença entre hipótese, tese e teoria comprovada. Mas, infelizmente, tanta gente acreditou nisso que muitas escolas na atualidade tornaram-se inoperantes. E a qualidade dos resultados? Só vigora nas escolas que ficaram imunes a esses medos. Em algumas é como se achassem que é impossível conciliar aprendizagem e saúde mental; que é impossível uma criança aprender a somar, ler, dividir e multiplicar sem ficar *traumatizada*, porque terá, em algum momento, que decorar quanto é 9 x 7! Um total absurdo. Se assim fosse, todos os que hoje têm mais de 60 anos estariam desequilibrados mentalmente, porque aprenderam quando se decorava até nome de todas as baías e ilhas que existem no Brasil. E rios. E serras! Recitavam a tabuada todinha de cor; identificavam os países do mundo no globo terrestre e, pasmem, sabiam, também de cor, os nomes das capitais de todos eles... Alguém pode questionar o porquê de certo tipo de aprendizagem, mas não quero fugir do nosso tema. O que está sendo colocado aqui é que, mesmo com tanta "decoreba" no passado, os que estudaram nessas escolas não ficaram com trauma algum por causa disso.

E aí voltamos à encruzilhada que o Brasil enfrenta hoje e precisa encarar. Ter ensino de qualidade. Essa meta demanda que o aluno estude, sue a camisa, mesmo que a escola seja uma delícia, as aulas maravilhosas e multimídia! Ninguém vai substituir o trabalho e o esforço pessoal — necessários para aprender.

E agora aqui estamos! Temos possibilidade, através de você que me lê hoje, de corrigir o desvio, o exagero. Sempre defendi, e ainda defendo, que essa proteção exagerada não prepara nossos filhos para a vida. À primeira vista pode parecer linda, sublime mesmo, ainda mais quando a gente olha para os nossos filhos, tão fofos e amados, que o nosso coração até parece que vai partir se aparece um arranhãozinho neles, então toda nossa tendência é mesmo proteger, proteger e... Proteger. Só que não estaremos sempre aqui, nem eles estarão sempre sob a nossa asa. Temos, portanto, que prepará-los para a vida e o mundo. E isso inclui não ter tanta "pena" deles. Essa pena e essa superproteção excessiva só fazem com que eles se fragilizem a cada dia, em vez de crescerem fortes. É essa mesma atitude, a partir de um conceito equivocado, que faz com que alguns pais tirem os filhos das escolas e coloquem em outra, que facilita a vida deles, *porque ele é tão pequeno, "tadinho"*!

E quando é que ele vai aprender e ficar forte?

Há outras formas de agir que têm origem na mesma concepção inadequada, como, por exemplo, ir à escola conversar com o professor para tentar impor quanto "dever de casa" deve ser passado; ou não se sentir seguro para proibir a criança de ver certos programas de tevê, mesmo sabendo-os inadequados para a idade e a compreensão dos filhos. São atitudes originárias do mesmo conceito errôneo de proteção, que acabam fragilizando, amedrontando ou tornando as crianças agressivas. Os pais têm a impressão de que estão atuando em favor do filho, mas não estão. Anos depois, quando analisam a forma pela qual agiam, pode ser tarde para reverter prejuízos na formação. Em consequência, já não é raro encontrar famílias que se tornaram reféns dos desmandos, falta de generosidade e incapacidade de alguns jovens de olhar algo além de seus próprios desejos e conveniências. Os depoimentos mostram isso.

O pai "bonzinho" e superprotetor (totalmente diferente do pai protetor) é aquele que *tudo permite e nada exige*, sempre acreditando que, desta forma, está sendo o melhor amigo do filho e que "está do lado dele". Não é difícil reconhecê-lo, por suas atitudes. Veja:

- Encobre e justifica os erros da criança ou do adolescente, mesmo quando os fatos evidenciam o contrário.

- Tende a jamais sancionar (leve em conta que *sanção* não é sinônimo de bater, nem de castigar fisicamente!); se outra pessoa chama a atenção da criança, fatalmente acaba em conflito com esse pai que tenta evitar qualquer recriminação a seu filho.
- Facilita tudo para o filho, que não contribui minimamente com nada em sua casa; esse pai costuma argumentar dizendo: *mas ele estuda, tadinho!* (E hoje muitos que nem isso fazem[51]).
- Exige pouquíssimo ou quase nada do filho, mesmo em relação a estudos, colaboração, atitudes.
- Acredita em tudo o que a criança lhe relata, obviamente defendendo-a em qualquer circunstância, sem nem ao menos averiguar o que de fato ocorreu, ouvindo "o outro lado".

Isso tudo torna as crianças frágeis, incapazes de aceitar qualquer crítica, por menor que seja, intelectual e emocionalmente falando, o que acaba impedindo seu progresso, seja hoje, na escola, seja no futuro, na profissão e nas relações interpessoais.

Agindo assim, esses pais criam jovens sem têmpera, que desistem fácil das lutas naturais do dia a dia, porque se frustram e se sentem humilhados quando criticados ou apresentam alguma dificuldade na vida diária. Enfim, es-

---

[51] Um em cada cinco brasileiros (20%) entre 18 e 25 anos não trabalha, nem estuda (Pesquisa do Instituto de Pesquisa Econômica Aplicada [Ipea] publicada em agosto/2013).

tão trabalhando e conduzindo os filhos na direção oposta do que pretendiam.

Na realidade, quem tem autoestima elevada consegue ouvir uma avaliação negativa com equilíbrio. Os que têm mais chance de vencer na vida são os que ouvem críticas não apenas com equilíbrio, mas também com curiosidade, isto é, com capacidade de lançar um novo olhar sobre a sua própria pessoa e sobre a sua produção; sabem avaliar a justeza e propriedade de uma colocação, ainda que seja mesmo negativa, porque percebem que pode fazê-los crescer, progredir e aprender. Quem desenvolveu essa capacidade reconhece como justa uma colocação bem embasada. Porque é exatamente isso, essa capacidade de não se ver como infalível, como o máximo, que torna um indivíduo passível e desejoso de progresso, e é isso que conduz ao sucesso.

Quem tem autoestima elevada encara com naturalidade o fato de que, no trabalho ou na vida social, nem todos gostam de tudo o que ele faz, diz ou pensa. E aceita isso como parte da vida e do crescimento pessoal. Sem traumas. E sem se tornar "inimigo" de quem ousou criticá-lo!

E, ao contrário, aquele que se sente "humilhado" por tudo que o contrarie (por exemplo, a moça que não aceitou sair com ele; ou o chefe que lhe mandou rever ou refazer parte do trabalho que julgou ineficiente), assim como crianças que só recebem elogios — mereçam ou não —, esse tipo de pessoa cresce *"se achando"*, como eles próprios dizem. E isso tem repercutido até em empresas. É outra feição da tão falada crise da mão de obra.

Como age um chefe, patrão ou superior hierárquico com uma pessoa que se nega a olhar suas insuficiências e se sente "perseguida", magoada ou humilhada com coisas normais do dia a dia de trabalho? Demite, porque quem se fecha a críticas não melhora o desempenho. Ou deixa que vá atuando do jeito que está, sem capacitá-la — o que acaba sendo uma dura sanção, porque a condena a não progredir na organização. Também significa que, assim que aparecer alguém mais ajustado, ela será a primeira a ser demitida. Empresa tem que dar lucro, crescer. E nenhum chefe vai tolerar certos desajustes, porque geram problemas de relacionamento com colegas até no mesmo nível hierárquico.

Agora se o comportamento dos que *"se acham"* afetar resultados, aí a coisa muda de figura... Um contrato perdido, um cliente importante insatisfeito e... Fim de festa! Humilhado ou ofendido, não importa. É rua, mesmo! Afinal, como convencer uma pessoa a mudar seu método de trabalho ou sua forma de atender, se ela sempre julga que tudo o que faz é divino e maravilhoso? É difícil e conflituosa a convivência com quem vive *achando que sabe tudo*. E o que é pior: essa visão hipervalorizada de si própria não apenas impede que a pessoa se veja como realmente é, mas inviabiliza importantíssimas aprendizagens que só a experiência traz. Saberes que os mais velhos detêm, mas que quem se vê da forma descrita não aproveita, nem respeita.

Quem perde com isso?

Exatamente os que "se acham". Por exemplo, o seu filho no futuro (caso você permita...). São muitas as queixas nas empresas sobre profissionais recém-formados que, inexperientes ainda, julgam-se perfeitos e apresentam o comportamento descrito.

A visão distorcida de seu próprio desempenho vem criando problemas para eles próprios, mas também para os demais. Os mais abonados abandonam cursos ou empregos, porque se sentem perseguidos. Os que dependem financeiramente do emprego — o que constitui logicamente a grande maioria — emburram, brigam ou se deprimem. E haja processo contra o que qualificam de "assédio moral"... É claro que há casos de assédio. Infelizmente existem sim. Muitas vezes, porém, a impossibilidade de reconhecer uma falha e de melhorar seu desempenho profissional acaba sendo compreendida como perseguição, *bullying*, assédio ou que denominação se dê.

Volto a lembrar, papai, que essa incapacidade de autoanálise começa lá atrás, quando o desenho ou a tarefa escolar mal feita foi avaliada como excelente e *aplaudida imoderadamente* por quem se preocupa demais com *a psique* e com *o ego*, e bem pouco com o que a realidade exige para se ter sucesso na vida — boa formação de saberes e capacidade de crescer/aprender. Um desenho que a criança faz deve ser sim elogiado; mas, se é *um desenho legal*, diga apenas isso. Incentive sim, e sempre, mas não confunda incentivar com supervalorizar, e, especialmente, *não minta* sobre fatos. Cedo ou tarde, a verdade vem à tona e poderá gerar muito sofrimento desnecessário, além de dificuldades no enfrentamento de situações corriqueiras da vida.

Então como agir?

Todo bom pai quer incentivar o filho a progredir, assim como quer que ele tenha autoestima positiva, assim como também quer que ele desenvolva habilidades sociais que contribuam para o sucesso pessoal, afetivo e profissional.

A resposta é simples. Não é que você não vá usar o que sabe a respeito. Entenda bem! Claro que elogiar é sempre melhor do que castigar.[52] Concordo plenamente. Mas *só elogiar* é péssimo! Especialmente quando não há de fato mérito... Elogiar ou premiar quem não merece é tão negativo quanto foi no passado ter um pai que nunca se importava com o que o filho queria ser na vida. Não vamos voltar ao passado, é claro. Mas está mais do que na hora de corrigirmos esses desvios ou distorções que

---

[52] Esse tópico você pode aprofundar, se lhe interessar, lendo *Limites sem trauma*, em que trato do assunto mais detalhadamente.

ocorreram por excesso de amor ou pela má compreensão dos conceitos da Psicologia.

E como se faz isso?

Simples: Se o seu filho fizer um trabalho perfeito, nesse caso vale dizer que está perfeito, beijar, elogiar — até divulgar! Joia! Perfeito. Se, no entanto, você vê que tem alguns erros, essa é a realidade que ele tem que conhecer. Ensine-o a ver o erro com naturalidade. *Porque é natural*, por isso principalmente. E porque faz parte do processo de aprender. Errei? Vou melhorar. Só assim seu filho terá motivação para progredir e superar obstáculos — olhando seu desempenho com realismo, em vez de ficar chateado, deprimido, "humilhado" no futuro porque "o chefe" o criticou.

Agora, além da geração *Nem-Nem*, infelizmente, temos também a geração *Des-Des* (despreparados e desmotivados). Sabia disso? São adultos jovens, como você, que acreditaram que poderiam e deveriam ser felizes *sempre*, o tempo todo, em todos os momentos da vida pessoal, afetiva e profissional, e que, só para começar, descobrem que nenhum trabalho, por mais que a gente ame o que faz, tem só momentos maravilhosos de realização e de aprovação geral. Assim como nenhuma relação afetiva é sempre sem discussões, sem momentos de desentendimento, sem mau humor ou desencontro de desejos. São 35 anos de trabalho até a aposentadoria! Dá para ficar *desanimado e desmotivado* por 35 anos, oito horas por dia?

E, sim, existe uma forma bacana e adequada de elogiar e de criticar. Sem excessos, nem para mais nem para menos, certo? Lembra-se de Aristóteles, o filósofo grego? Ele considerava a justiça uma virtude, *a mais nobre das virtudes humanas*. E afirmava: A virtude é o uso moderado das razões, é a busca do meio-termo.

Trazendo para a situação de que tratávamos: Qual a medida certa do elogio ou da crítica? O meio-termo. Simples, não? *A verdade está no meio, nunca nos extremos.* Seguindo esse raciocínio: Podemos começar elogiando o que a criança acertou ou a sua forma de agir adequada. Em seguida, se há como melhorar, podemos e devemos mostrar quais itens podem e devem ser melhorados. Não se trata de exigir *demais*, a ponto de a criança se achar incapaz ou incompetente; mas também não podemos paralisar seu progresso, em função de medos que, como vimos, são descabidos. Quem está em fase de aprendizagem intelectual, social e afetiva tem que conviver com elogios e críticas. Só elogiar os filhos é descabido e provoca atrasos e problemas no futuro. Aprender a dar o melhor de si só traz vantagens. Superproteção e excesso de mimos (veja que estou falando de *"excesso* de mimos": um pouquinho é bom; muito, não!) só trazem desvantagens para seu filho. E para você também!

Seus avós talvez tenham segurado demais os elogios e caprichado excessivamente nas críticas aos filhos. Devido a isso e na ânsia de não repetir o modelo, os *Boomers* exageraram na contramão. E a complacência exagerada mostrou-se tão negativa quanto o excesso de exigências. É a autocomplacência que torna as pessoas frágeis. Pior ainda: torna as pessoas incapazes de se verem realisticamente no trabalho e nas relações afetivas.

De modo que, mais uma vez, podemos afirmar que o grande problema do homem é sempre o exagero, o radicalismo.

E o que você vai querer para seus filhos?
Que eles se achem ou que eles sejam?

Se quiser que eles *"se achem"*, elogie *muito* tudo o que eles fizerem, tenha valor ou não. Exagere também seus dotes. Ou os que você julga que eles têm. E não se esqueça de contar a todos os que estiverem ao seu alcance as proezas e maravilhas que seu filho fez, faz e ainda fará sem dúvida no futuro. E, se ele fizer algo errado ou inadequado, perdoe, deixe passar. Ele é tão pequeno! E tem tantas outras qualidades. Deixe de lado criticar ou corrigir. Logo você terá um pequeno reizinho em casa.

Lembre-se, porém, de que, agindo assim, você e os demais papais de sua geração logo verão que a sociedade terá muitos, centenas, milhares deles num futuro próximo. Agora, se vai haver espaço para tantos egos superdesenvolvidos no mundo, não sei, mas desconfio de que vá ser um problemão... Digo *espaço* no sentido de capacidade de premiar e dar tudo o que eles *acharão que merecem*

— seja em termos de remuneração, honras, progressão na empresa e prêmios. Também será um grande desafio (para eles próprios) encontrar pessoas à altura de toda sua magnificência para conviver. *Provavelmente você será um dos primeiros a ser visto como "pouco" para quem tanto "se acha"!*

Se, por outro lado, você deseja que seu filho seja uma pessoa compromissada com a sociedade e com a vida, comece desde já, antes de todos, a ser realista em relação ao seu pimpolho. Saiba olhar bem e descobrir as qualidades que ele tem — e seguramente ele as tem como todos têm —, mas não se esqueça de perceber também as limitações — como você, como eu, como qualquer um de nós tem. Não para "jogar na cara dele", logicamente; menos ainda para dizer que ele não faz nada que preste. Jamais (já assisti a alguns casos; há de tudo)! Não, não penso que você vai interpretar dessa forma, mas sempre é bom deixar claro, por via das dúvidas...

Vá ensinando o seu filho a valorizar suas capacidades, sem deixar, porém, de lhe mostrar que, mesmo as qualidades inatas, podem e devem ser aprimoradas. Caso contrário, estaremos sendo pouco inteligentes. Se seu filho tem real potencial, ótimo, mas ainda assim faça com que se desenvolva, cresça. Se você fizer seu filho *suar a camisa* (o que não faz mal algum a ninguém), ele realmente poderá ir longe!

Só não exagere, combinado? Nem para mais, nem para menos. Relembrando Aristóteles: *A justiça está no meio.*

Importante também é preparar a criança para a realidade de suas limitações, em vez de fazer com que cresça com uma visão hipertrofiada de suas reais competências. A geração *"eu me acho"* desenvolveu essa dissociação entre o que *"realmente realizam"* e o que *"pensam que realizam"*. E essa é uma distorção consequente à incapacidade de se autoavaliar. Fazendo seu filho encarar o que fez bem e em que pode melhorar, você estará o ajudando a desenvolver sua capacidade de superar limitações e/ou deficiências.

É preciso também fazer as crianças saberem que a vida nos reserva surpresas a cada momento, e que, nesse ponto, a vida é totalmente democrática: ninguém recebe apenas notícias boas, nem somente ruins. Mas nesse ponto o ser humano é único em sua capacidade de autossuperação: desde que não se entregue ao marasmo, ao pessimismo ou à autopiedade.

Sempre me maravilho ao lembrar o que ocorreu com o meu marido:

> *Ele já era um médico de renome, conhecido pela sua dedicação ao estudo e aos pacientes. Adorava o trabalho que desenvolvia em hospitais públicos e no consultório também. De repente, assim do nada, um triste dia, começou a ter problemas para escrever. Era só começar a escrever e a caneta lhe caía das mãos. Até o momento*

em que não conseguiu mais escrever absolutamente nada. Chocante, não? Foi uma romaria a médicos de especialidades diversas. Somente meses depois, chegou--se ao verdadeiro diagnóstico. Ele tinha uma doença conhecida como Câimbra do Escrivão que provoca uma contração involuntária dos músculos da mão quando a pessoa faz movimentos repetitivos como escrever, por exemplo. Bem, havia duas opções: ficar com pena de si mesmo e desistir, ou buscar uma solução e vencer o desafio. Tentou várias; não deram certo, até que um dia ele me olhou e disse: vou aprender a escrever com a mão esquerda! Muitos disseram: impossível! Alguns riram. Um destro se tornar voluntariamente canhestro? Mas ele reafirmou: vou conseguir! E começou a tentar. Tomada a decisão, partiu para a prática. Hoje, ele escreve com a mão esquerda. Graças à força pessoal, persistência e determinação, não precisou parar o trabalho que ama. Os clientes nem souberam do problema. Escreve bem, não tão rapidamente quanto com a direita, mas escreve direitinho! E a letra é até mais legível (os pacientes adoram isso!). Claro, anos mais tarde, com a evolução dos computadores pessoais, diminuiu em muito a necessidade de escrever à mão, porém, bem antes, ele já havia equacionado a forma de resolver um grave problema. Foi a vitória da vontade contra a depressão e o desânimo.

Achei importante relatar um fato que eu própria vivi e testemunhei para ilustrar o que disse anteriormente, e para que você, meu querido, entenda que o homem é bem mais forte do que aquelas ideias da Psicologia pareciam indicar.

Se você agir superprotegendo, fazendo seu filho acreditar que é superdotado, um portento, mais inteligente, mais capaz e melhor do que todos, por mais incrível que possa parecer, terá mais chances de estar atrapalhando o desenvolvimento dele do que ajudando mesmo.

Você deve estar se perguntando: *Mas como assim, se o que faço é justamente para ele acreditar em si?* Simplesmente porque se ele só ouvir elogios vai achar que é es-pe-ta-cu--lar, que não precisa mais aprender nada. Nasceu pronto e genial. Sem nada a ser mudado nem aperfeiçoado.

Pode acreditar, muitos jovens da sua geração "se acham"! Duvido que você próprio não tenha topado com alguns deles. Não são todos, é claro. Mas é bem frequente entre aqueles cujos pais os sufocaram de elogios desde bebezinhos...

Talvez você não concorde de início; mas tente pensar com a cabecinha de quem tem 5 ou 6 anos: imagine-se bem pequeno, tentando fazer qualquer coisa, por exemplo, montar um brinquedo de encaixe. Claro, em algum momento, teve uma primeira dificuldade. Juntou a primeira, depois a segunda pecinha, mas a terceira não conseguiu. Tentou uma vez. Nada. Tentou outra. Aí, dependendo do seu jeito de ser, chorou ou jogou tudo para o alto. Mamãe ou papai, supercarinhosos e preocupados, logo correram para consolar e ajudar. E assim, a cada uma e em todas as dificuldades, você foi socorrido. Se chorasse ou emburrasse, ganhava outro estímulo, do tipo *não fique triste, queridinho, você foi maravilhoso, fez tudo tão certinho, só um que caiu, esse feioso aqui, mas olhe eu já coloquei para você, amorzinho da mamãe!* Claro que essa mãe ou pai estão imbuídos dos melhores propósitos. Só que nem sempre os melhores propósitos têm um final feliz...

Esse foi, a meu juízo, um dos grandes enganos da Psicologia pós-freudiana — achar que o ser humano, criança ou jovem, é tão frágil que nada suporta. Por isso, ao agir de forma tão superprotetora, os pais estarão fazendo com que a criança não apenas tenha uma visão distorcida e irreal de seu desempenho, como a estarão habituando a desistir diante da menor dificuldade. Não fortalecerão a autoestima, pelo contrário. Se correrem para fazer tudo pelo filho (é como se lhe dissessem que ele não é capaz), *o habituarão a não tentar*. Sei que, muitas vezes, o amor que sentimos nos faz ajudar e proteger de todas as formas. Mas pense maior — pense no amanhã!

> *Tem certeza de que poderá estar presente em todos os momentos da vida de seu filho para safá-lo de qualquer problema? E, mais ainda, acha que ele vai querer isso?*

Pequenas dificuldades podem nos enfraquecer ou nos fazer crescer — depende de como as enfrentamos. Como pais, cabe-nos fazer nossos filhos olharem as dificuldades naturais da vida de frente e sem dramas; cabe-nos orientá-los, sem que isto signifique facilitar demais e, menos ainda, *fazer por ele*. Não falseie a realidade. Mostre e valorize progressos, mas quando houver e quando de fato acontecerem. Se não, mostre sua confiança na capacidade dele, mas não permita que desista facilmente. Encontre o meio-termo aristotélico. É disso que seu filho precisa.

Ah, e, por favor, de forma nenhuma culpe outras pessoas pelo que seu filho não conseguiu.

Ensine seu filho a reconhecer suas qualidades e potencialidades, mas faça-o compreender também que tem limites, como todos nós. Mas que pode superá-los. *Não, porém, sem esforço pessoal.*

> *Elogio é bom, mas só fortalece a autoestima se for fruto de real merecimento.*

5. Prova não "prova" nada; até gênios tiravam notas baixas!

Quando eu era pequena (isso já faz tempo), sempre que um aluno tirava nota baixa numa prova ou o professor mandava um recadinho para casa relatando comportamento inadequado, a gente ficava pisando em ovos até o pai chegar. Sabíamos que vinha bronca na certa. Ou castigo. Mas o melhor é que *nós sabíamos quando tínhamos pisado na bola*. Sabíamos também que deveríamos nos esforçar para melhorar; caso contrário, nossos pais ficariam muito aborrecidos, tristes ou zangados. E tratávamos de corrigir o malfeito. Escola e professores sabiam que tinham na família os seus maiores aliados. Passou-se o tempo e hoje os pais veem perigo até onde não existe. Para alguns os "inimigos" são até os professores e a escola...

Está bem, está bem! Já sei que você vai argumentar dizendo que há muito professor despreparado, que faz isso e aquilo, que há escolas que só querem saber de dinheiro etc. Compreendo e sei que inadequações existem (aliás, em qualquer profissão). Sei também que a formação dos docentes já foi melhor. Mas a forma pela qual alguns pais agem em relação à escola está dificultando — e muito — a ação educativa. E, o que é mais grave, os problemas que assim se criam recaem depois sobre os próprios pais — por conta dessa visão equivocada sobre *quem são realmente* os "inimigos" da família. E é essa visão que faz com que muitos pais hoje se sintam mais à vontade para ir à escola reclamar do que seguros para ralhar ou tomar atitudes assertivas com os filhos, vistos sempre como "vítimas" ou "coitadinhos" que estão sendo injustiçados ou humilhados pela escola, pelos professores ou pelos colegas.

Assim, a cada dia, mais docentes sentem-se encurralados entre duas decisões: 1) ou trabalham calcados em pressupostos éticos e não aceitam pressões, arriscando-se a serem demitidos ou chamados a cada momento a explicar atitudes — com evidente perda de autoridade perante os alunos; 2) ou entregam os pontos e deixam o barco correr, isto é: fazem o que o aluno e a família querem, mesmo sabendo que, desta forma, abrem mão de sua verdadeira condição de educadores. Há também os que simplesmente desistem da profissão, tal o nível de dificuldade operacional da atual conjuntura.

Muitos pais da sua geração reagem mal ao ouvirem críticas à atuação dos filhos porque soa (para quem aprendeu a só receber elogios) como *recriminação a si próprios*. É outro desdobramento inesperado do legado dos *Boomers*: quem não foi acostumado a de vez em quando ouvir um *não* se desestrutura e leva para o campo pessoal qualquer crítica.

Esses argumentos são, em geral, sem fundamento pedagógico, mas são tantas e tantas vezes repetidos, que até docentes acabam acreditando que são comprovados verdadeiramente.

E, para alegria da criançada, parte dos professores acaba:

- Não se esforçando muito, já que a própria família do aluno não quer *"aborrecer"*[53] *suas crianças*.
- Passando poucas tarefas para fazerem em casa, *"para não cansar os pobrezinhos"*.
- Fazendo sempre provas e trabalhos com consulta, porque *"hoje em dia tem Google e internet, para quê?"*.
- Deixando de lado parte do conteúdo e o esforço para desenvolver nos alunos algumas habilidades e saberes que a escola exigia no passado recente (saber a tabuada de cor, ou as capitais dos estados brasileiros, ou o hino nacional) porque os próprios pais repetem conceitos que a sociedade propaga — por razões que não cabe aqui discutir —, mas que acabam reafirmando a superproteção. Por exemplo: __sabemos__ *que o currículo das escolas está ultrapassado,*

---

[53] As expressões em itálico e entre aspas dos itens desta sequência referem-se aos argumentos usados pela família e também com frequência na sociedade como um todo, mas não têm fundamento pedagógico demonstrado.

> *não prepara para a vida, e, além do mais, para que decorar, se fulano (algum pedagogo ou teórico famoso) era contra?*
>
> *Crianças — exatamente por serem crianças — vão amar o professor que não exigir crescimento, e mais ainda se aprovar todos os alunos, independentemente do mérito ou do que aprenderam.*

Agora eu lhe pergunto: é isso que você quer da escola? É isso que você quer para o seu filho? Ou, cá entre nós, bem lá no fundo, você tem a desconfiança (ou a certeza absoluta) de que seu filho é um moleque danado de esperto, que não está nem aí para os estudos, e, então, com medo de que ele fracasse ou sem forças nem coragem para entrar numa guerra com ele, decide que fica mais fácil *ir levando*?

Vou tentar explicar de forma bem clara: Você já parou para pensar em como um professor, que na melhor das hipóteses trabalha com cerca de trinta jovens numa sala de aula, consegue ensinar bem, fazendo seu filho crescer intelectual, emocional e socialmente, e, ao mesmo tempo, cuidar da segurança de todos, evitar brigas, agressões ou perseguições de uns contra outros?

Explicando melhor: Imagine que o seu filho, um belo dia, se nega a fazer uma atividade proposta para todos os alunos — digamos, uma redação — e cisma que quer fazer outra coisa — por exemplo, jogar bola —, alegando que "não gosta de escrever". Depois de tentar convencê-lo, e não tendo conseguido, o professor toma uma medida disciplinar simples: deixá-lo para fazer a redação na hora que as outras crianças vão para o recreio, já que ele não quis fazer (e não fez) enquanto as demais fizeram. O docente *tem que* tomar uma medida que faça o aluno entender que está na escola *para aprender*. Para isso, o aluno tem que reconhecer e aceitar a autoridade do professor. Então, quando algo assim ocorre é necessária uma medida pedagógica (a que citei ou outra, mas é fundamental *tomar alguma medida*). Alguém certamente dirá *"mas precisa deixar sem recreio? É um absurdo isso, estamos no século XXI! Esse professor devia ter mais diálogo!"* Mas você, pai, sabe muito bem — por experiência própria em sua casa — que o diálogo funciona sim, <u>às vezes</u>! E lembre-se de que em casa é só você e seu filho, no máximo dois ou três! Como você agiria com quarenta? Se, aqui entre nós, você reconhece que se der uma chance seu filho querido e amado só faz o que quer, imagine o professor com um monte de criancinhas cheias de quereres... Seu filho e todos os seus coleguinhas vão fazer só o que quiserem, a partir daí. Em poucos dias nenhum aluno fará nada a não ser o que deseja fazer. Jogar bola, por exemplo... Ou usar as aulas para responder a e-mail, mensagens de amigos etc.

Ocorre que

> *O professor de qualidade tem um compromisso consigo próprio como profissional, com a instituição que o contratou, com a família e a sociedade. Já pensou se todos assumissem a postura de "tá bem, queridinho, não quer, não faz"? Seu filho provavelmente amaria a escola e para lá iria feliz da vida...*
>
> *Só não aprenderia nada — ou quase nada.*
>
> *E depois? Como vai competir no mercado de trabalho?*
>
> *E você ficará satisfeito nessa situação?*

A criança vai à escola não apenas para aprender português, matemática e ciências, mas também para entender e começar a viver no mundo real, onde ela estará integralmente dentro de alguns anos. Portanto, precisa compreender como funciona o mundo, a sociedade, as instituições. Em geral, a primeira instituição social que a criança frequenta fora do âmbito familiar é a escola. É lá que ela travará as primeiras relações com outras autoridades que não a de seus pais. Se essa autoridade, o professor, não for reconhecida pela criança; se a família não endossar e fortalecer o professor; se o docente for pressionado a aceitar e não reprimir (sem medo da palavra, certo? Reprimir também é necessário às vezes) atitudes de rebeldia (como vem repetidamente ocorrendo[54]), ao

---

[54] Em agosto de 2011, o Sindicato dos Professores do Rio de Janeiro informou que a média de abandono da carreira no ERJ foi de 22 professores por dia.

contrário do que pensam muitos pais hoje, quem sofrerá as consequências será a própria criança — o seu filho, que não apenas ficará para trás em termos de aprendizagens intelectivas, como também estará deixando de incorporar outras aprendizagens desejáveis, a aprendizagem da vida, de relação, de responsabilidade, de compartilhamento de tarefas e de obrigações.

A compreensão de que nem tudo pode ser do jeito que cada um quer só se concretiza na prática. Em outras palavras: a criança só entende que em determinados momentos terá que fazer o que todos os coleguinhas vão fazer quando vê os amiguinhos obedecerem ao professor — e também quando ocorre algum tipo de reação negativa aos que não atendem aos objetivos do grupo. Afinal, não será assim anos depois? Quando tiver que servir nas Forças Armadas? Ou quando começar a trabalhar? O chefe vai permitir que ele chegue à hora que bem entender? Que entregue o trabalho no dia em que estiver "a fim"?

Quanto mais superprotegida em casa, mais necessidade a criança terá de socialização ao entrar para a escola. Porque não aprendeu a atender e respeitar limites e regras antes, resta aprender na escola. Se os pais interferem também nesse espaço, como vem acontecendo, enfraquecem o trabalho que a instituição pretendia fazer. Então, quando e onde aprenderá? É importante compreender que essa aprendizagem é essencial para o futuro saudável em termos sociais. É através dessa linguagem, das regras e limites sociais, que o indivíduo se socializa e aprende a respeitar a si próprio e aos demais. E não é uma aprendizagem fácil, que se faz em um dia. Envolve competência de convivência, compreensão de relações interpessoais, entre outras coisas.

No caso do exemplo, o professor fez exatamente o que deveria, porque só dessa maneira esse aluno entenderia que o mundo funciona com regras, recompensas, sanções e limites.

Recompensas e aprovação para os que produzem; sanções e rejeição para os que não colaboram para o bem-estar do grupo e para o progresso de todos.

Para papais inseguros ou superprotetores e para aqueles que não compreenderam o que é *educação moderna*, sanções podem soar como desprestígio ou "humilhação" para o seu adorado filhinho! E aí, exatamente aí, é que as coisas simples começam a se transformar em problema no médio prazo e no futuro. Ao ficar sabendo que seu filho recebeu alguma sanção na escola (quase sempre relatada pela criança com envolvimento emocional, com a zanga ou queixa por ter sido contrariada — além da esperteza também, que de bobas as crianças não têm nada e sabem direitinho *como*, *quando* e *quem* pode ser manipulado), o pai, apavorado com o "trauma" ou com a "humilhação" ou com a "injustiça", vai direto, correndo, à escola. E vai para fazer o quê? Brigar. Tomar satisfação. Por vezes até ameaçar (com processo, com mudança de escola etc.). Raramente vai para colaborar, para ouvir e perguntar como ajudar o processo a avançar de forma segura e mais rápida.

Independentemente de analisarmos quem tem razão ou não, se a escola é moderna ou tradicional, toda criança precisa entender que as tarefas propostas precisam ser feitas, na hora, local e prazo em que são propostas. A não ser que você escolha especificamente uma de orientação totalmente liberal.

Alguns poderão dizer que a escola que estou defendendo é antiga. Que uma escola moderna *tem* que dar liberdade ao aluno em termos de currículo, métodos, avaliação etc. — até porque estão repetindo o que ouviram especialistas dizerem dezenas, centenas de vezes. Sim, de fato, mas não é exatamente como imaginam os leigos. Mesmo as escolas que usam as mais modernas metodologias de ensino ensinam que, num grupo, somos todos iguais, e, por isso mesmo, todos precisam aceitar e atender o que ali ficou determinado. Então, não se trata de cada um só estudar o que quer e o que gosta, mas sim de decidir — em grupo, e sob supervisão — o que cada um irá fazer. E mesmo assim, depois de decidido o que fazer, todos terão que cumprir o objetivo a que se propuseram. Nem nas escolas mais progressistas cada aluno faz só o que quer. Faz o que foi combinado com o grupo. E o respeito à autoridade do professor existe — inclusive nessas instituições. Caso contrário, como poderíamos zelar até mesmo pela segurança física dos alunos? No exemplo referido, não há nenhum demérito em o aluno seguir o que o professor propôs. Não se trata de obedecer como um autômato ou de "podar a criatividade" como alguns poderão argumentar. Não. Trata-se simplesmente de fazer a criança entender que ela pode ser criativa sim, e querer trabalhar do seu jeito, ou de acordo com seu método pessoal. Mas isso não poderá ser em todos os momentos, nem em todas as atividades. Nem na escola mais moderna do mundo — se isso pudesse ser medido — a criança poderia optar por não aprender a ler, por exemplo. Ou decidir que diariamente vai tomar a merenda dos coleguinhas. Há limites a serem obedecidos. O da civilidade é um deles. E há outros.

Então, se o papai corre à escola para dizer ao professor como ensinar, não deveria, *ao menos*, ser, ele próprio, professor? Nenhum profissional aceita que pessoas de outras áreas e que não trabalhem na mesma empresa que a sua opinem ou lhe digam o que fazer.

A consequência é que seu filho vai aprendendo, paulatinamente, a desprezar e a não reconhecer a autoridade da escola e do professor — e depois a desmerecer o saber e a aprendizagem —, a cada vez que o pai interfere de forma inadequada na relação do filho com a instituição escola.

Se for se repetindo com frequência, seu filho fará um rápido aprendizado sobre *como não respeitar os mais velhos, quem tem mais experiência e os superiores hierárquicos*. E isso irá se refletir anos depois *sobre ele e sobre você*. Afinal, quando precisar chamar a si a autoridade de pai, prepare-se — ele não o verá assim. E aí talvez seja tarde. Veja o relato que se segue. Assusta! E é verídico!

"Em 2013 uma senhora que trabalhava em minha casa e era aluna da rede pública de Ensino para Jovens e Adultos (EJA), num município do Estado do Rio de Janeiro, me relatou, bem chateada por sinal, que ia abandonar os estudos novamente, embora quisesse muito completar o Ensino Fundamental. Quando jovem tivera que trabalhar, então só tinha concluído a 3ª série do Ensino Fundamental. Agora, aos 50 anos, retomara e estava na 4ª série do Ensino de Jovens e Adultos, mas, segundo ela, ia abandonar porque não aguentava mais a confusão, a bagunça e a falta de respeito que imperava. Disse-me ainda que estava perdendo tempo apenas, porque não conseguia ouvir uma palavra do que diziam os docentes, tal a bagunça em sala de aula, e que muitas vezes os professores até desistiam de dar aula e iam embora. Havia um grupo de alunos, com idade média de 16 a 18, que, sistematicamente, impediam os docentes de trabalhar. Sentavam-se de costas para os professores, na primeira fila da sala, para tumultuar e impedir

que fossem ouvidos. Quem ousasse prestar atenção ou tentasse detê-los apanhava sem dó à saída da escola. Petelecos, cascudos e agressões mais graves faziam com que todos se submetessem à situação.

(M.S., 50 anos, empregada doméstica, casada, cinco filhos adultos, seis netos.)

Fazer só o que quer tem transformado crianças em jovens sem limites e sem objetivos na vida; deprimidos uns, marginais e arruaceiros outros.

O que você quer que seu filho seja quando crescer? Alguém que nem consegue perceber o mal que causa a si próprio ou a seus semelhantes?

Então, não repita a frase inapropriada que dá título a este capítulo. Menos ainda para seu filho ouvir. Porque se Einstein (citado como exemplo de mau aluno) chegou aonde chegou, não foi porque ele era mau aluno. E sim *porque ele era um gênio.*

E o seu filho é um gênio também? Talvez seja, mas também pode ser *corujice...* Já notou como quase todos os pais consideram seus filhos superdotados ou gênios? Ah, o que é o amor! Por outro lado, se ele for mesmo um gênio, que mal fará aprender álgebra, geografia, literatura? Não fará mal algum, porque *o saber* jamais impedirá uma pessoa de ser o que tiver que ser... Pelo contrário, só pode ajudar a quem a genética já proveu. Já no caso de seu filho não ser isso tudo que você e o seu amor o fazem crer, ele terá desenvolvido competências que lhe poderão dar condições de ser um bom e médio indivíduo honrado.

Parece exagerado? Pois não é!

Então, tenha muita calma quando um filho lhe disser que o professor não o compreende, o persegue ou não gosta dele (a não ser que apresente provas concretas que comprovem). O mais das vezes, é apenas a visão de uma criança, que logicamente prefere não ter que se esforçar e descobriu a forma ideal de sensibilizar você para estudar pouco, e até para não estudar nada...

E se ouvir alguém dizer *"prova não prova nada"* pense quantos alunos estudiosos e dedicados você ouviu afirmarem isso? Um? Nenhum? Quando — e se — ouvir essa queixa do seu filho (de que as aulas são chatas ou de que o professor o persegue), faça um pequeno esforço e tente lembrar se:

- O viu estudar muito, por semanas ou meses.
- Por várias vezes, durante mais de uma semana, o viu fazer e refazer exercícios de livros e cadernos da matéria em questão.
- Percebeu que ele estudou tanto, mas tanto, que até deixou de assistir aos programas favoritos de tevê e nem ficou jogando no computador por horas a fio...

Se puder responder *sim* a esses três itens, então, e somente então, é provável que esteja havendo de fato algum problema a ser verificado *na escola*.

A criança demora a formar conceitos e a entender que realmente precisa se dedicar aos estudos para progredir. Especialmente nos dias de hoje, quando há tantos outros atrativos em casa. E fora de casa também.

E, embora a escola tenha de fato papel e responsabilidade em relação à motivação e aos métodos pedagógicos, não busque culpados *somente e primeiramente* na escola, caso seu filho apresente problemas de rendimento ou se queixe de algo.

Muitas vezes ele precisa de um "empurrãozinho" (da família), que o ajude a se organizar, a ter horário para fazer as tarefas diária e organizadamente.

Preste atenção, ouça e respeite as queixas dos filhos, claro. Mas não vá correndo culpar o professor. As primeiras tentativas de formar um bom estudante são atribuição da família, a grande encorajadora e formadora de hábitos de estudo. Ninguém nasce sabendo. Cabe aos pais ensinar aos filhos a valorizarem os estudos e a escola. E isso demanda tempo e dedicação.

E se, hoje, nem mais a mamãe fica em casa todo o dia, isso não impede que repassem — pai e mãe — os cadernos à noite, revejam as tarefas com eles, estimulem capricho e limpeza, elogiem quando estiver bem-feito, verifiquem a compreensão de um ou outro conceito etc. Não faça *para* nem *por* eles, não é necessário acertar tudo, nem você tem que refazer o que ele errar. Isso a escola faz. O papel dos pais na formação de hábitos de estudo é concomitante ao da escola — e é fundamental porque reafirma a importância do saber e da dedicação. Portanto, reveja com cuidado como se desincumbiram das tarefas escolares todos os dias, porque o hábito só se forma aos poucos e no médio prazo. E ninguém faz esse trabalho melhor do que os pais. Se você quer ter bons estudantes em casa, comece hoje — e não espere que duas semanas sejam suficientes para torná-los produtivos e eficientes.

Por fim, pergunte a si próprio como reage quando chega um bilhetinho da escola avisando sobre alguma atitude inadequada do seu pimpolho: tende a achar que ele é superaplicado e está sendo vítima de perseguição e injustiças ou procura verificar, com isenção, o que foi relatado?

Se quiser ter dores de cabeça no futuro, comece agora a superproteger seu filho contra tudo e contra todos, ainda que "todos" sejam a escola, os avós, amigos ou parentes. E arranje justificativas variadas para explicar por que ele tirou zero, ou cinco — e não oito ou dez — na prova. Se, ao contrário, você quer um futuro saudável para ele, só interfira se tiver certeza de que aconteceu um fato que deseduque.

Não dê confiança a choramingo tolo de quem não quer suar a camisa e busca tapar o sol com a peneira em se tratando de suas próprias falhas.

*A não ser que esteja disposto a sustentar
os filhos pelo resto da vida...*

6. Diferenças individuais têm que ser consideradas

Maria Montessori divulgou seus estudos em torno dos anos 1890. Mulher à frente do seu tempo, primeira na Itália a se formar em Medicina na Universidade de Roma, contra a vontade do pai e de toda a família.[55] Especializou-se em Psiquiatria e se dedicou inicialmente ao estudo de crianças com retardo mental, que, na época, eram privadas de qualquer aprendizagem. Suas observações e estudos não apenas provaram que essas crianças podem aprender, como desmentiram a ideia de que seriam ineducáveis. Só depois se dedicou ao estudo da aprendizagem em crianças com inteligência normal. Criou a primeira *Casa dei Bambini* (Casa das Crianças), numa região pobre de Roma. Suas conclusões pedagógicas constituíram o que se conhece em todo o mundo como Método Montessori e referem-se à Educação Infantil. Sua filosofia baseia-se na ideia de que o indivíduo traz em si a capacidade de aprender, sendo ao mesmo tempo sujeito e objeto do ensino. A base do método é a individualidade, e assim atividade e liberdade

---

[55] Mulheres na época raramente estudavam e em nível superior menos ainda.

são essenciais. O objetivo da escola é, segundo ela, a formação integral, a educação para a vida. Defendia a necessidade de se respeitarem necessidades e interesses de cada estudante, de acordo com a faixa etária e a fase de desenvolvimento. Ao professor caberia a tarefa de acompanhar o processo e de detectar o modo individual de cada aluno manifestar seu potencial. Defendia uma sala de aula sem lugar marcado, na qual professor e alunos atuassem juntos, misturados, fazendo exercícios e pesquisando. O professor seria o orientador dessas atividades. Nesse método, alunos aprendem a pesquisar em bibliotecas (hoje seria também na internet), não há hora definida para o recreio, porque, na concepção montessoriana, lazer e atividade didática não se separam.

As ideias de Maria espalharam-se por todo o mundo e conquistaram milhares de adeptos. Muitas escolas de Educação Infantil em diferentes países usam o método. No Brasil, temos cerca de cem escolas montessorianas.

Agora você deve estar se perguntando, *mas quem é que disse que eu quero aprender esse tal método?*

Essa rápida pincelada do assunto é importante para que pais jovens como você entendam que cada escola adota um método e uma filosofia de educação diferente. Exatamente porque existem formas diferentes de pensar Educação. Em outras palavras: não há um único modelo; algumas pessoas acreditam em um determinado método, outras acreditam que outros funcionem melhor. E mais importante ainda é você saber que, se uma escola adota um método específico, isso não elimina a possibilidade nem a eficiência de outros. As crianças podem aprender tão bem em um ou em outros, desde que os professores tenham *domínio*, ou seja, saibam trabalhar bem com o modelo adotado no colégio.

Ocorre que, para pais que não são professores, pode parecer que o método Montessori prescinde da socialização primária ou básica[56] e, por isso, ficam buscando uma escola em que os filhos terão "toda a liberdade", na qual poderão fazer tudo do jeitinho e no momento que desejarem — tal e qual em muitas casas; engano sério que gera problemas, sobretudo para a criança, porque, embora o método montessoriano dê liberdade de escolha e tenha muito respeito ao ritmo e às diferenças de cada aluno, não abre mão das habilidades sociais primárias[57] — que devem ser desenvolvidas em primeira instância pela família.

---

[56] Na visão da Sociologia significa: ação de desenvolver, nos indivíduos de uma comunidade, o sentimento coletivo, o espírito de solidariedade social e de cooperação. Na visão da Psicologia significa: processo de adaptação de um indivíduo a um grupo social e, em particular, de uma criança à vida em grupo.

[57] Habilidades sociais primárias são aprendizagens que ajudam a adaptação de um indivíduo a um grupo social e, em particular, de uma criança à vida em grupo. Por exemplo, pedir licença para passar, dar bom-dia ao chegar etc.

Em síntese, é essencial entender que boas escolas são as que têm um projeto educacional definido e claro. E, por isso mesmo, não vão mudar suas metas para atender ao que você e cada um dos outros papais desejam.

Já pensou atender ao que seiscentos pais pensam e querem, a cada dia ou momento?

Vou dar um exemplo concreto do que seja *respeitar diferenças individuais e ritmo de aprendizagem* como definiu Maria Montessori. O professor *combina* com os alunos o que vão fazer naquela tarde. A atividade é feita em conjunto, mas cada criança escolhe de que forma vai trabalhar a proposta. Suponhamos que os alunos plantaram vegetais na horta da escola e agora vão fazer um desenho para ilustrar o que aprenderam e o que gostaram. Se um quer desenhar e colorir com lápis de cor, e outro não quer desenhar, poderá recortar imagens em revistas e colar no papel. Ou procurar no computador e imprimir, caso haja essa possibilidade. Outro quer colorir com lápis cera; outro, pintar com aquarela; outro ainda quer desenhar sem colorir, não importa; todos poderão ilustrar do jeito que desejarem — desde que os objetivos educacionais sejam cumpridos. Em princípio, porém, todos participarão da atividade — podem escolher sim, mas dentre três ou quatro propostas, a forma pela qual a executarão. Dentro do mesmo contexto, outro aspecto: uma criança poderá fazer o desenho em dez minutos; outra poderá precisar de meia hora. Todos poderão levar o tempo necessário —

em função do ritmo próprio. Compreendeu? *Não significa cada um só faz o que quer.* Há liberdade, mas há também um projeto e objetivos que precisam ser alcançados.

Tem gente que interpreta essa característica do método como justificativa para levar o filho à escola atrasado porque *"ele tem ritmo próprio para acordar!"*. Ou para exigir que ele não faça as tarefas de casa porque *"não é o que ele gosta"*.

Uma das grandes dificuldades das escolas na atualidade tem origem nessa ideia equivocada de que "diferenças individuais" significam que cada um faz somente o que quer.

Em outras palavras: se um pai não concorda com o que a escola relata sobre o seu filho, quer que a escola mude a visão sobre a criança. Está agindo exatamente como uma criança mimada. Não há dúvida de que essas atitudes voluntariosas acabam se refletindo nos filhos, que dessa maneira acabam perdendo a confiança nos professores. Inicia-se aí o processo que pode culminar nos conflitos hoje frequentes entre família e escola, e até mesmo em agressões a docentes.

Compreendo que, com a vivência que tiveram, os pais de hoje tenham a expectativa de que os desejos de seus filhos (por exemplo, poder decidir não fazer a atividade que o professor definiu como importante, mas que seu pimpolho considera *chata*) sejam atendidos — *como os seus desejos sempre foram atendidos na infância.* E, se você tiver visto em alguma matéria de jornal ou programa de TV alguém afirmar que a escola de hoje está despreparada para atender às demandas da vida, aí mesmo é que vai achar que deve lutar pelo que pode lhe parecer o "direito" do seu filho.

Daí a ir correndo falar e exigir mudanças é questão de horas.

Mas, por favor, não vá ainda! Pense antes no seguinte:

> *Você confiaria a saúde do seu filho a um pediatra que mudasse o tratamento prescrito porque você leu na internet que existe um remédio ótimo para o caso e então levou o nome na consulta e, diante disso, ele abandona o que havia recomendado e prescreve o que você sugeriu? Confiaria?*

Se ocorresse comigo, mudaria meus filhos de médico. Afinal, ou ele não conhecia o remédio e então não poderia jamais indicar o tratamento por pressão de um leigo; ou conhecia e não achou adequado para o caso, mas depois resolveu ceder para não criar mal-estar entre vocês.

> *Qualquer que tenha sido o motivo, não recomenda o profissional, concorda?*

O mesmo deve ocorrer com escolas de qualidade, que, é claro, analisam a observação de pais que querem colaborar e trazem dados ou percepções sobre o processo. Isso, sim, ajuda, porque são coisas que podem passar despercebidas. Mas atender pedidos ou exigências sem base pedagógica parece caracterizar instituições que visam apenas preservar clientes, sem compromisso com o projeto pedagógico que dizem abraçar.

É excelente ter filhos em escolas que analisam com seriedade sugestões (totalmente diferente de pressão) e até colocam em prática — *desde que tenham considerado que há embasamento no que foi apresentado*. Essas são instituições que merecem respeito.

Por outro lado, há pais que, quando o filho se atrasa porque ficou até tarde vendo televisão ou zapeando nas redes sociais, se utilizam do argumento "respeito às diferenças individuais" apenas por conveniência. E, claro, uma escola pode até abrir mão da pontualidade uma vez ou duas — jamais se ocorrer com frequência. Ou todos os alunos têm os mesmos direitos, ou ninguém.

A pressão que algumas famílias fazem sobre a escola — apenas por comodismo ou conveniência — traz prejuízos, em primeiro lugar, para o próprio filho.

Pais que não têm ou não tiveram limites no passado tendem a achar natural que as regras mudem para atendê-los, ignorando os demais alunos. Afinal, como criança mimada que foi e continua sendo, quer que o *seu filho* tenha todos os privilégios. Consequência também não prevista pelos *Boomers*: indivíduos que *"se acham"* com direito a tudo e, em *se achando*, não concebem que estão agindo de forma impositiva e antidemocrática.

Agora pense em cada pai de aluno fazendo todo tipo de exigências não pedagógicas, e não apenas você, meu querido... É realmente isso que você considera que uma escola moderna deve fazer?

Talvez você esteja se perguntando *em que seu filho seria prejudicado*, se você está justamente querendo que ele possa entrar em sala de aula, ainda que atrasado, e com isso não perder a aula toda, só o pedacinho que deixou de ouvir ao se atrasar...

Explico: Negativo para as novas gerações seria a incorporação da ideia de que é perfeitamente válido distorcer fatos ou interpretá-los de acordo com a conveniência pessoal e do momento, para atingir objetivos pessoais, mesmo sabendo que ferem interesses maiores, que numa sociedade democrática deveriam ser sempre os de todo o grupo e da sociedade.

> *Atitudes assim tornam o mundo cada dia menos harmônico, conflituoso e difícil de nele bem viver.*

Embora tenha havido progresso — especialmente no que se refere à possibilidade de expressão entre pais e filhos e melhor relacionamento —, os exageros e distorções que ocorreram, como vimos, impediram que os objetivos dos seus pais fossem totalmente atingidos. No entanto, me parece bem viável que possam vir a ser sanados por quem hoje está educando.

Vamos então sintetizar o que discutimos:

- Se você quer uma escola que respeite as diferenças individuais e o ritmo de aprendizagem, tem direito a isso. Mas não confunda *respeito às diferenças* com *fazer o que quiser*, seja em casa, na escola ou em cada lugar que seu filho frequente.
- Se deseja uma escola montessoriana, busque a que adote essa concepção pedagógica. Matricule seu filho lá e sejam felizes! Mas, mesmo nesse tipo de instituição, haverá momentos em que você terá dúvidas sobre uma ou outra coisa que ocorra com seu filho — seja por parte da escola ou de um dos professores. Esse tipo de insegurança é inevitável, especialmente se o seu filho reclamar. Quando ocorrer, é um direito seu ir à escola *conversar* para se informar do ocorrido ou decisão. Também é válido e justo querer que a escola ouça e considere a versão apresentada pela criança (seu filho). Mas *ouvir* não significa *concordar* sempre.
- Isso é válido em qualquer escola, qualquer que seja o modelo, feitio ou método adotado. O que não é válido é tentar *forçar a escola* a satisfazer o que você ou seu filho querem.

Finalizando:

Seu filho aprenderá na escola a *con-viver*. Não apenas a ler e escrever. Aprenderá que, para viver bem em grupo, é preciso abrir mão de apenas pensar em si mesmo e pensar no bem de todos.

Também aprenderá que, algumas vezes, suas vontades são atendidas em detrimento da dos coleguinhas do grupo, mas, em outras, terá que aceitar que os outros também têm vez — e voz. Para aprender isso — e tantas outras coisas importantíssimas —, é preciso que você confie na escola que escolheu — e também é necessário que a deixe fazer seu trabalho.

> *O espaço de decisão da família é contemplado quando ela escolhe o local onde seu filho será matriculado. Em sua casa você tem e terá total predomínio sobre como agir para educar seus filhos.*

> *O espaço da escola é predomínio decisório da equipe docente. Escolha bem e alie-se aos educadores que escolheu — apoie suas iniciativas e propostas.*

> *Seu filho se tornará menos renitente, menos teimoso e mais produtivo intelectualmente. Porque sentirá que as duas instituições se apoiam e uma confia na outra.*

Seu ganho com isso será incrivelmente alto. As crianças precisam sentir segurança por parte de quem as educa.

Quando pai, mãe, enfim, a família e a escola atuam em conjunto, o trabalho flui de forma muito mais suave e com menos problemas.

Seu filho vê o mundo através de seus olhos.

Se você confia, ele confia.

Se você desdenha, ele desdenhará.

7. Desorganização = alma de artista?

Quando eu era criança, os pais ensinavam que guardar os brinquedos depois de usar era obrigação. Ninguém ficava com problemas por isso, embora, claro, nem eu nem meus coleguinhas gostássemos mais de arrumar do que de desarrumar!

Mas, como não havia discussão a respeito, nem explicações demais (era uma só — e simples — a que mães e professores davam: quem tira do lugar, coloca no lugar depois, para que outros que quiserem brincar encontrem tudo bonitinho como vocês encontraram), e, como as regras que existiam em casa se repetiam na escola, não havia discussão, nem teimosia. Ou, se havia, em pouco tempo os pais resolviam — porque não se sentiam culpados por isso, tinham convicção de que arrumar era tão importante quanto brincar. E, principalmente, porque não achavam que isso pudesse causar algum problema à criança. A convicção com que falavam (ou exigiam, dependendo de como a criança respondia ao que lhe era colocado) fazia com que a maioria obedecesse sem maiores problemas.

Ah, em tempo, se algum de nós não arrumasse tudo ou ficasse com preguiça, não tinha discussão — ficava de castigo. Não, não pensem que era um *castiiigo* assustador. Era simplesmente algo do tipo ficar sem o brinquedo por uma semana. E não tinha conversa. Havia pais que batiam, como hoje ainda há, infelizmente. Mas não era apenas o medo de apanhar que fazia obedecer não, porque muitos nunca apanharam. O que fazia diferença era a segurança dos pais. *A certeza de que estavam fazendo o que era certo.*

Repare que muitas das premissas que estamos analisando aqui trazem em seu bojo uma relação — nem sempre perceptível à primeira vista — com a ideia de que organizar, obedecer, exigir resultados, atenção e respeito remetem ao conceito de repressão, castração e seus sinônimos. Literalmente opostos ao ideal de liberdade da geração *Baby Boomers*.

Fica fácil entender por que artigos, livros, teorias e publicações começaram a repetir e repetir que a criança precisava ser livre e que "obrigar" a fazer isso ou aquilo podia dar problemas, o que causou verdadeira comoção nas famílias. O pai que em algum momento tivesse colocado o filho de castigo se sentiu, àquela altura, pessimamente. E aí parou tudo! Aos poucos, condutas banais do cotidiano de quem educa, como ensinar a dar bom-dia, a não empurrar para passar, a não bater no gato, a não puxar o cabelo da irmãzinha, deixaram de ser ensinadas, muito menos exigidas. Afinal, quem quer que o filho tenha problemas?

Foi por isso que você e muitos outros da sua geração foram acostumados a receber tanta explicação.[58] Seus pais repetiam, explicavam, explicavam e voltavam a explicar, principalmente quando a criança chorava ou ficava com os olhinhos cheios de lágrimas. Tanta explicação para coisas tão simples...

O que acontecia antes é que pais e professores tinham *certeza de que ensinar a cuidar das coisas e dos brinquedos não tem contraindicação*. E, portanto, exigiam sem medo. O que levava os filhos a perceberem que era melhor fazer logo, porque não ia ter jeito mesmo.

Quando você e seus amiguinhos, como todas as crianças inteligentes e perceptivas, perceberam que podiam fazer só o que gostavam, tornou-se uma batalha fazer com que obedecessem. Comer na hora em que a comida está na mesa, tomar banho, dormir no horário adequado à idade, e assim por diante. Seus pais tiveram que aprender a "ir com jeitinho" para conseguir o que precisavam que os filhos fizessem...

E esse jeitinho acabou se revelando um grave problema, porque tudo se tornou uma luta... A vida ficou difícil, e a relação com os filhos, em muitos casos, virou um inferno!

---

[58] Tratei o tema com profundidade no livro *Sem padecer no paraíso, em defesa dos pais ou sobre a tirania dos filhos*, cuja primeira edição foi publicada em 1991. Aqui estou fazendo apenas uma breve referência ao tema, para não me tornar repetitiva. Se lhe interessar saber mais sobre o assunto, leia a obra citada, facilmente encontrável.

Passaram um sufoco se escabelando para conseguir o trivial — dar um banho no filho, por exemplo!

Outra ideia que circulava à época *e ainda circula*: pessoas organizadas, cumpridoras de obrigações são assim porque não têm criatividade... Burocráticas e sem talento, apenas "cumpridoras de ordens", sem iniciativa. Medíocres, enfim. Em oposição a esses indivíduos sem inventividade, estariam as pessoas criativas, de alma livre e genial, as empreendedoras, que não têm tempo para se dedicar a essas atividades comezinhas do dia a dia, como manter um escritório organizado ou as contas em dia, sabendo exatamente onde encontrar o que guardou. Minúcias a que "talentos inatos" não poderiam jamais se submeter.

Estereótipo aceito por muita gente, especialmente porque é extremamente confortável para quem não gosta e não quer se dar esse trabalho: organizar-se. É a desculpa na medida certa... Na verdade, pouca gente gosta de fazer serviço burocrático, porque de fato é repetitivo e cansativo, mas quem sabe a vantagem que traz ser minimamente organizado opta por fazer — ainda que não goste.

Quem é organizado, ao contrário do que dizem os que não o são, ganha tempo livre para criar ou para fazer o que quiser. Já quem nunca sabe onde guardou as chaves, os documentos ou outra coisa qualquer, perde um tempo precioso procurando quando precisa. Portanto, é sem fundamento generalizar ou estereotipar e taxar de sem criatividade ou compulsivas pessoas que se obrigam a ser minimamente organizadas.

Não digo que não existam os que transformam arrumação e ordem numa mania, quase doença — e até mesmo na sua única produção. Sim, claro que existem. Entretanto, não é a esses que estou me referindo. Estou tentando desfazer a ideia de que as pessoas organizadas são sempre limitadas e não criativas, enquanto quem é relaxado, desorganizado e não sabe nunca nem onde está, esse é que seria o gênio criativo!

Há tarefas que fazem parte da vida, como ir ao supermercado, lavar louça, fazer relatórios, ficar na fila em caixas de bancos e tantas outras que *temos que fazer* no dia a dia — e que a maioria considera desagradável, um tormento até. Para quem delas se desincumbe é tão insuportável quanto para quem as relega e deixa de lado.

No entanto, se alguém não faz e ainda por cima se coloca como "o criativo", menosprezando quem é organizado, encontra não apenas uma maneira de justificar a própria incapacidade, como também passa a pecha de "burocrata" a quem se esforça para superar a aversão e assume que é importante — e faz. Essa atitude — de deixar a *chatice* para os outros e ainda se colocar como superior — tem sido repercutida por muita gente: sou esquecido, me atraso para reuniões, sou desorganizado, não sei fazer um relatório decente etc. porque não dou valor a coisas *sem importância*. Em outras palavras está dizendo: *Eu sou o bom, incrível, criativo, tenho alma de artista, enquanto que você é medíocre, sem capacidade criativa...*

> "O meu filho é ator. Eu sempre soube que ele ia acabar fazendo alguma coisa nessa área, porque sempre teve dificuldade com números, matemática, cálculos, essas coisas... Sabe como é, alma de artista... Horário, arrumação, nossa, ele realmente não dá para isso... Mas fala em ir ao cinema, teatro, ouvir música — aí é com ele mesmo. Sempre foi assim. Agora está com quase 40, mas é um ramo difícil, acredita que até hoje ele não conseguiu um papel que valesse a pena? No momento está analisando uma proposta, mas, pela cara dele, senti que ainda não ia ser dessa vez. Ainda bem que estou aqui para dar suporte. Ele mora comigo e não me importo de cobrir os gastos dele; às vezes é meio complicado, estamos mais velhos, a mulher não aguenta mais ficar cuidando e catando roupa jogada no chão, arrumando as coisas que ele deixa pela casa toda, mas vai fazer o quê? É o jeito dele! Mas quando ele estourar vai ser pra ninguém botar defeito!"
>
> (L.B.M., médico, casado, dois filhos, 68 anos.)

Fica mal, por contraste, ser o "certinho", o careta, o arrumadinho, o "quase doente psiquiátrico" sofrendo de TOC (transtorno obsessivo compulsivo). Funciona. Não é bem mais chique e atraente ser tido como artista, uma alma permanentemente em ebulição, cheia de sonhos, e que, *tadinho*, por isso não consegue arrumar sua mesa de trabalho, não dá conta de achar um documento na sua mochila ou estante, muito menos acabar um trabalho dentro do prazo?

E, dessa forma, dá um *olé* nos que suaram a camisa e, mesmo odiando fazer, cumpriram suas tarefas, criativas ou não... Claro que não estou generalizando, mas é preciso entender que aprender é sempre possível, mas somente para os que decidiram e querem aprender.

Por isso, estimule seu filho em todos os sentidos, porque há que compreender que o ser humano pode desenvolver qualquer competência. Inclusive ser organizado minimamente, porque é importante para a vida profissional e poderá fazer falta mais tarde, ainda que ele se julgue um artista nato. Só assim não considerará indigno ou de segunda categoria determinados trabalhos ou tarefas e aprenderá a colaborar na organização da casa, do trabalho e dos estudos.

É bom deixar claro, porém, que incentivar organização é bem diferente de perseguir e ser obcecado por limpeza e ordem. Dentro de certo equilíbrio, ser organizado ajuda a pessoa a ser mais produtiva. Quem não sabe onde colocou seu livro ou o caderno com as tarefas pode perder a tarde inteira procurando, depois telefonando para os colegas para se informar; acaba se estressando e desperdiçando tanta energia e tempo que a produtividade até declina. Desde que não se torne persecutório, ensinar seu filho a se programar e a se planejar só pode trazer benefícios.

Então se coloque em campo para torná-lo produtivo, sem que isso signifique ser "louco, apaixonado" por regras e normas. Apenas para que essa capacidade possa ser útil.

> *Antes de deixar que afirmativas que se iniciam com "todo mundo faz" ou "todo mundo sabe" influenciem sua vida e a de seus filhos, pense por si próprio e busque descobrir o que está por trás de certas "lendas". Pensando com autonomia e sem esse tipo de generalizações não comprovadas, você vai descobrir coisas incríveis... Especialmente em se tratando da educação de seus filhos.*
>
> *Lembre-se: toda aprendizagem, em princípio, é válida e positiva e pode ser útil — se não hoje, no futuro.*

Capítulo 7
Como ficamos?

E aqui estamos, mais de duzentas páginas depois.,

Estou feliz em confirmar minha suposição inicial: Você não desistiu de ler, mesmo quando se sentiu incomodado ou irritado com o que possa ter parecido uma avaliação negativa de sua geração. Mas, como eu supunha, resistiu — e resolveu ir até o final para ver aonde chegaríamos nessa jornada conjunta.

E assim revalidou minha ideia de que quem ama os filhos *de verdade* não se intimida diante de nada, menos ainda do que possa, a princípio, parecer crítica (e por vezes é mesmo!).

Se você me acompanhou até aqui, deve ter percebido que o que fiz foi uma avaliação crítica das relações entre pais e filhos adultos na atualidade, utilizando os depoimentos de quem promoveu as mudanças que observamos nos relacionamentos. Aquilo a que eu visava era exclusivamente possibilitar o aprimoramento dessa relação. Não apenas de pais e filhos, mas até com os avós e bisavós, porque o momento histórico é inédito: convivem por vezes quatro gerações simultaneamente.

Seus pais trabalharam no sentido de melhorar a convivência com vocês, estabelecendo um relacionamento que possibilitou a expressão livre de desejos, pensamentos, anseios, dúvidas e perplexidades. E mais ainda! Propiciaram condições para que concretizassem sonhos e desejos — o que é mais importante ainda.

Só não podemos afirmar que os objetivos dos *Boomers* (descritos no segundo capítulo) foram atingidos tal qual desejavam, porque o exagero em relação à *questão da liberdade*, num momento da vida em que os mais jovens ainda não têm condições para fazer escolhas maduras e responsáveis, impediu que essa verdadeira revolução fosse mais bem-sucedida.

Esse excesso contribuiu para que um percentual dos adultos jovens de hoje (além de outras causas) compusessem a geração *"Nem-Nem"*, que, como vimos, em termos de perspectivas futuras pode apresentar problemas emocionais e sociais — e até consequências mais graves para si e para a sociedade. Além do fato de que não é nada saudável ter filhos de quase 40 anos sem definição na vida e dependendo dos pais indefinidamente.

Vimos também que o projeto dos *Boomers* se mostrou um verdadeiro bumerangue, promovendo perdas afetivas importantes para os próprios *Boomers*, que jamais sonharam com esse desdobramento inesperado. Pelo contrário, esperavam ter com seus filhos uma relação de troca, amor e afeto, e também de respeito e suporte, o que decididamente não vem ocorrendo com grande parte dos adultos jovens em relação a seus pais (todos os entrevistados se mostraram, no mínimo, surpresos e perplexos com a situação, e boa parte se declarou triste e desiludida com a forma que a relação assumiu).

Apesar disso, e mais uma vez generosamente, os entrevistados, em sua totalidade, reafirmaram que *não mudariam os objetivos a que se propuseram* em benefício dos filhos — porque continuam acreditando que a proposta é válida e positiva, ainda que necessite de certa revisão.

Você sabe agora — após a leitura — que seus filhos poderão lhe retribuir a dedicação que lhes está prodigalizando (*ou não*) — da mesma forma que você e seus companheiros de geração estão retribuindo (*ou não*) a seus próprios pais.

Porque *somos a soma do que trazemos geneticamente ao nascer com o que aprendemos desde o nascimento até o final da vida adulta.*

Os pais que estão criando seus filhos neste início de século vêm agindo com os filhos de forma bem semelhante à de seus pais; em muitos casos, de forma ainda mais excessiva — especialmente no que se refere *aos bens materiais* (roupas, brinquedos, passeios, viagens, joguinhos etc.). E tudo começa ainda mais cedo do que quando você era criança.

Achou exagero? Então, procure pensar em quantas crianças você conhece (das classes A e B) que, aos 10 anos, já estão achando banal ir à Disneyworld, por exemplo? E quantas têm tantos brinquedos que já nem se consegue andar pela casa? E, ainda assim, elas continuam ganhando mais e mais viagens, brinquedos e roupas? Tudo rapidamente e de forma excessiva.

Sem direito a desejar!

Basta que demonstrem interesse ou apontem um brinquedo ou *gadget* novo sendo anunciado que são "afogadas", submergidas pela realização do que foi timidamente desejado. Você acha *mesmo* que isso não terá consequências no futuro?

Quem é que terá que suportar as consequências geradas pelo excesso? Adivinhe!

Entre a sua geração e a dos seus pais há uma pequena mas extremamente significativa diferença no que se refere à questão dos limites: boa parte dos pais de hoje não se intimida nem tem dificuldade alguma em dar *"certos"* limites aos filhos (o que não acontecia com a maioria dos *Boomers*), desde que esse limite signifique que vocês, pais, poderão fazer o que acham que precisam ou que estão com vontade. E — me desculpe se não for o seu caso —

esse limite absolutamente pode não significar *o melhor para a criança*. Pode apenas ser mais cômodo para os pais num determinado momento.

Explico: Vocês são capazes de levar seu bebê (cujo pediatra desaconselha locais públicos, com muito barulho, muita gente, música altíssima etc. antes de a criança estar com 2 aninhos e já ter mais defesas orgânicas) ou o filhinho de 2 anos, morto de sono, sem culpa nem preocupação, a um restaurante lotado, onde permanecem até duas horas da madrugada, por aí, *só para não ficar em casa no final de semana*, achando que assim estão "dando limites". Levam carrinho, mamadeira, fraldas, *tablets* etc. *para que a criança se sinta confortável,* argumentam. Não vou afirmar que não cuidam. Cuidam, mas não se privam do que querem, mesmo que não seja o melhor para a criança.

Na verdade, falando francamente, estão agindo em benefício próprio, interpretando "dar limites" a seu modo e para sua conveniência. Porque limites como defendo — e como sempre coloquei nos meus livros anteriores — significa dar *limites educacionais*, e não qualquer tipo de limite.

Ouço bastante: *"meu filho está acostumado a comer de tudo"*, referindo-se a restaurantes e lanchonetes *fast foods*.

Ou: *"não deixo meu filho sozinho, levo comigo para todos os lugares!"* Pura verdade. É só dar uma olhada nos *shoppings centers* ou nos restaurantes lotados de criancinhas chorando ou dormindo ou andando feito pequenos zumbis de tanto sono! É claro que é mais fácil. E é claro que crianças adoram *fast food!*

Por outro lado, são capazes de se debulhar em lágrimas ou de ficar paralisados perante uma febre que seu filho apresente, e também são bem capazes de culpar a escola, onde — cansei de ouvir isso — *"ele pega esses vírus horrorosos"* — e, em boa-fé, até cogitem tirá-los de lá até crescerem mais — claro, desde que possam contar com babás, vovós e quem mais vier em socorro...

É interessante lembrar que não cogitam que talvez eles se contagiem nos restaurantes, barezinhos, estacionamentos de crianças (assim chamo os locais criados pelos *shoppings* para os pais deixarem as crianças e terem possibilidade de fazer suas compras em paz e com tempo suficiente para gastar mais e mais...), teatrinhos infantis, cinemas e outros que tais, para os quais as crianças atualmente são levadas antes até de completarem 2 anos! A despeito das recomendações de pediatras e ainda que não compreendam uma palavra do que foi dito ou apresentado!

Embora amem *de paixão* os filhos, os novos pais não querem fazer "sacrifícios" como deixar de sair nas noites de sábado, domingo e feriados, para que seu filho durma em local adequado, sem ruídos ou contaminações. No entanto, declara-se incapacitado a levá-lo para tomar uma vacina, porque *"ele chora — e eu junto!"*. Então solicita à babá ou à vovó que se encarregue — porque ele "não aguenta!".

Por outro lado, são capazes de comprar brigas incríveis e até injustas com seus próprios pais, só para não contrariarem os filhos, mesmo sabendo que agiram de forma reprovável. E ainda que esse vovô ou vovó, ou ambos, muitas vezes sejam a base da ajuda na criação dos netos!

Esses e outros exemplos poderiam compor aqui outras duzentas páginas — só com o que colhi em depoimentos e observando a realidade. Basta, porém, o que expus para o alerta.

Analise agora o que tem dado a seus próprios pais em termos de atenção, não estou falando de dinheiro — e *não espere receber dos seus filhos nem um tiquinho a mais do que você vem dando a seus pais.*

A não ser que você...

- *Tenha compreendido o que foi analisado e aproveite para avaliar e reavaliar a relação com seus filhos — e com seus pais (enquanto é tempo).*
- *Busque e consiga reequilibrar o que seus pais lhe deram de bom (liberdade), mas necessita ser revisto para corrigir os excessos e distorções que surgiram.*

- *Analise esse lado obscuro e inesperado da liberdade — que o passar dos anos demonstrou ter se tornado descompromisso e que se relaciona ao excesso e à falta de limites — e, especialmente, tenha compreendido que essa distorção poderá trazer consequências negativas e indesejadas para você e para seus filhos, assim como trouxe para seus pais.*
- *Consiga fazer a síntese necessária — que, em geral, é o equilíbrio entre os aspectos positivos que as mudanças trouxeram e os negativos, gerados pelo descompromisso excessivo de quem faz só o que gosta e lhe agrada.*
- *Consiga rever posturas e dar um pouco de si também para seus pais de forma a agradar a quem hoje precisa muito de sua presença e carinho — e, em alguns casos, também de seu cuidado. E desse modo, pelo exemplo, ensinar a seus filhos como se trata de quem nos cuidou com amor e dedicação.*

Assim, você poderá esperar que, no futuro, eles atuem de forma semelhante, <u>quando for você o pai idoso!</u>

Não é tão difícil, mas depende unicamente de *você querer*! Afinal, seus pais merecem ou não? Não espere que eles empreendam a última viagem para lhes dizer e demonstrar o quanto lhes quer bem.

Dê a seus pais somente metade do amor, atenção e cuidados que hoje está dando a seus filhos — eles ficarão extasiados!

E você os terá tornado muito, muito felizes.

E, assim, você, seus pais, seus filhos e companheiro — como num conto de fadas moderno...

        Viverão felizes para sempre!

Anexos

Anexo 1
Método utilizado na pesquisa

O estudo que deu origem ao presente livro teve por objetivo colher dados para análise da percepção da geração *Baby Boomers* em seu relacionamento com os filhos adultos, criados dentro da proposta introduzida na família a partir dos anos 1970.

Foram entrevistados 102 pais (de ambos os sexos) com filhos adultos (30 anos ou mais) visando levá-los a relatar a maneira pela qual educaram os filhos e como evoluíram as relações ao se tornarem adultos.

Os entrevistados foram selecionados de forma a atender ao seguinte perfil:

- Ter filhos adultos.
- Vivendo em casas separadas.
- Os filhos já deveriam ser pais.
- Número de filhos, gênero e situação civil de pais e de filhos não foram considerados determinantes para fins do estudo.
- Nível socioeconômico da família: o corte estipulado foi Classe C+ e daí para cima (fator interveniente na situação do estudo).

- Nível de instrução dos pais: o corte mínimo estipulado foi nível médio completo, por necessidade do próprio instrumento utilizado nas entrevistas.
- Houve apenas uma exceção em relação aos filhos já serem pais; bem como apenas uma no que se refere a morarem em casas separadas dos seus pais, o que constituiu 0,57% da amostra em cada um dos dois quesitos.

Os depoimentos prestados foram orais; simultaneamente foram gravados.

Construí um roteiro prévio, de forma a assegurar que os depoentes abordassem, todos eles, aspectos semelhantes, seguindo a proposta do método adotado no estudo, *História de Vida ou Relato de Vida*.[59]

> *"... Encontrar nas diversas biografias individuais as constantes sociologicamente produzidas que definem um grupo determinado... O objetivo desse tipo de estudo é justamente apreender e compreender a vida conforme ela é, relatada e interpretada pelo próprio ator. Portanto, consiste na história de uma vida ou acontecimento tal qual a pessoa ou pessoas que a vivenciaram (ou estão presentemente vivenciando) narram ao entrevistador. Uma narrativa tem, além de sua função descritiva, uma função avaliadora (Kohli, 1981), mesmo que o*

---

[59] GLAT, R. *Somos todos iguais a vocês.* Rio de Janeiro: Agir, 1989.

sujeito não tenha consciência disso... É, antes de qualquer coisa, uma oportunidade para a reflexão... O ponto fundamental aqui, que diferencia o método de história de vida de outras abordagens clássicas, é o respeito que o pesquisador tem pela opinião do sujeito. O pesquisador acredita no sujeito. Quem faz a avaliação não é o pesquisador, e sim o sujeito. E este último não é visto como objeto passivo de estudo. Ao contrário, o pesquisador e o sujeito se completam e modificam mutuamente em uma relação dinâmica e dialética."

Os entrevistados foram conduzidos, com um mínimo de interrupções e perguntas, a relatar/rememorar a proposta educacional que orientou sua relação com os filhos na infância; a seguir buscou-se perceber como se dava o relacionamento com os filhos no momento atual em que são adultos também, buscando estabelecer relações entre as duas situações. Foram levados, no processo do relato, a relembrar/relatar alegrias, frustrações, objetivos e expectativas, assim como barreiras e dificuldades do dia a dia, quando existissem.

O objetivo foi avaliar em que medida consideraram seus objetivos e sua proposta educacional e de formação dos filhos alcançados ou não alcançados.

Outro propósito importante foi verificar até que ponto as *expectativas da relação com os filhos* se tinham cumprido ou não.

O resultado das análises constituiu o arcabouço deste trabalho, que busca contribuir concretamente para a correção de desvios, caso tenham ocorrido, nas relações educacionais da família como instituição educativa e formadora das novas gerações, completando assim a sequência de estudos que empreendi sobre a relação pais e filhos, que se iniciou em 1991, com a publicação do estudo sobre relações entre pais e filhos do período 1980-2000,[60] passando pelo estudo sobre a relação com filhos adolescentes,[61] e sobre adolescência tardia[62] anos depois.

Os extratos de relatos das entrevistas inseridas no corpo do livro foram a solução que encontrei para embasar e referendar as colocações que evidentemente estão alicerçadas nos aspectos de maior congruência nos depoimentos, sempre superior a 50% do total. Pareceu-me que tal formato tornaria mais perceptível a fortíssima relação entre o que se ensina aos filhos e o que estes devolvem no futuro à sociedade e à família. Sem determinismos e sem excluir outras variáveis, já que sabemos que não apenas a família exerce tal influência, especialmente quando neurociência e mídias estão em plena efervescência, mas, sobretudo, porque acredito firmemente que, apesar de serem muitas as forças que incidem na formação do ser humano até a chegada à idade adulta, ainda é a relação

---

[60] ZAGURY, T. *Sem padecer no paraíso: em defesa dos pais ou sobre a tirania dos filhos*. Rio de Janeiro: Record, 1991.
[61] _____. *O adolescente por ele mesmo*. Rio de Janeiro: Record, 1996.
[62] _____. *Encurtando a adolescência*. Rio de Janeiro: Record, 1999.

com os pais na infância a que tem o peso maior na formação do caráter e na determinação de como se dará o relacionamento com os pais de terceira idade.

É um ciclo de trabalho e estudos que completo com este livro sobre a desafiadora tarefa de educar filhos na atualidade, e que espero propicie aos pais mais jovens a visão da correlação fortíssima entre o *que fazer educativo* na família e as consequências para a sociedade, a própria família e o indivíduo.

Anexo 2
Roteiro dos depoimentos

Entrevista nº _____ Data: _____

PARTE 1 — DADOS DO ENTREVISTADO

1. Nome completo _____
2. Idade _____
3. Profissão _____
4. Grau de instrução _____
5. Estado civil _____
6. Número de filhos, sexo e idades _____
7. Filhos (estado civil) _____
8. Profissão dos filhos _____
9. Moram com os pais? _____
10. Trabalham? _____
11. São independentes financeiramente? _____
12. Tem netos? Quantos e de que idades? _____

PARTE 2 — DEPOIMENTO

13. Aproximadamente, quantas vezes por mês seus filhos o visitam espontaneamente, quer dizer, sem convite?

_____

No último mês quantas vezes isso ocorreu? _____

14. Olhando para trás, agora que seus filhos são adultos, você considera que a relação que vocês têm hoje é a que você julgava que teriam?
15. Considera que a relação com os filhos ficou melhor ou pior do que a forma pela qual você se relacionava com a sua mãe e seu pai na vida adulta? Como você vê a convivência com seus filhos, comparando com o que você deu, cuidou e respeitou a seus pais?
16. Você sente que fazia coisas pelo seu (sua) pai (mãe) que seus (suas) filhos (as) não farão por você? Quais seriam elas, caso a resposta seja sim.
17. Você foi aquele tipo de pai/mãe que dizia sempre "você vai poder contar comigo sempre"?
18. Se pudesse voltar atrás, educaria da mesma forma que educou?

Anexo 3
Dados que podem interessar

1. Mapa da maioridade penal no mundo

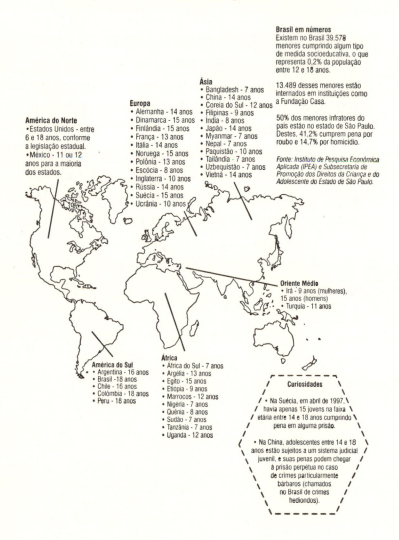

2. Mapa dos suicídios ocorridos no mundo

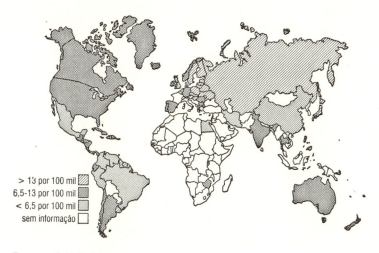

Fonte: OMS, 2006, Projeto Supre-Miss.

3. Relatório mundial sobre violência e saúde

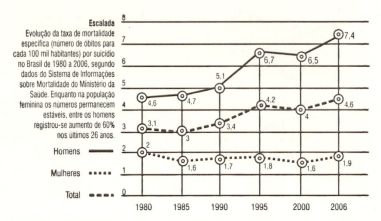

Fonte: Ministério da Saúde, 2006: Evolução da Taxa de Suicídio no Brasil, anos 1980 a 2006.

4. Interesses das crianças/idade

Fonte: Instituto Brasileiro da Família.

5. Número de filhos da mulher brasileira, por década

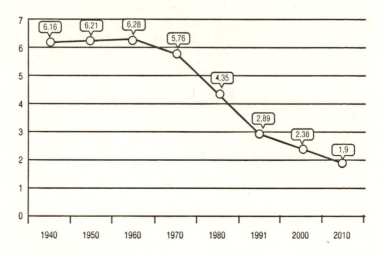

Fonte: IBGE, 2010.

6. *Geração* Nem-Nem *por faixa etária*

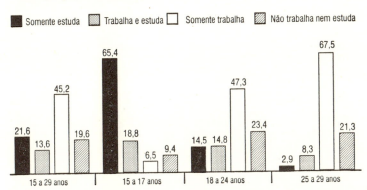

Fonte: IBGE, Pesquisa Nacional por Amostra de Domicílios, 2012.

Este livro foi composto na tipologia Syndor ITC
Std Book, em corpo 12/17, e impresso em
papel off-white no Sistema Cameron da
Divisão Gráfica da Distribuidora Record.